경제사의 유용성 회복을 위하여

노택선 편역

도서출판
해남

머리말

경제학의 여러 분야에서 이론이 정치(精緻)해질수록 과거의 경제 문제에 대해서는 상대적으로 관심이 적어지는 것이 상식처럼 되어버렸다. 컴퓨터를 통해 시간, 장소를 구분하지 않고 외환 거래를 할 수 있는 시대에, 차고 넘치는 데이터와 고도의 통계적 분석 기법을 가지고 환율 변동의 요인을 찾아내야 하는 당면의 경제 문제를 두고 18세기, 19세기의 금본위제를 굳이 들여다보아야 하는 이유가 있을까? 눈으로 볼 수 없는 나노 기술, 바이오 기술 같은 것들이 경제 성장에 미치는 영향을 알아내야 하는 현실에서 지금은 쓰지도 않는 수력 방적기, 역직기 이야기는 해서 무엇한다는 말인가?

이러한 생각들은 경제사라는 학문 분야의 historiography에서 비롯된다고 볼 수 있다. 경제사는 말 그대로 경제와 역사의 합, 혹은 경제의 역사를 의미하는데, 경제와 역사 가운데 어떤 쪽이 더 강조되는가에 따라 그 내용과 방법론이 변화를 겪어 왔다. 크게 보아 역사에 방점이 두어졌던 시기에서, 경제학의 이론과 방법론이 경제사 연구에 도입되면서 경제학의 응용 분야로 자리매김한 시기로 바뀐 것으로 볼 수 있다. 경제 발전을 몇 개의 단계로 구분하려는 노력들이나 전체 역사의 한 부분으로서 경제를 보려는 노력 등이 전자에 해당된다면, 경제 성장론에 입각해서 경제 발전 과정을 다룬 성장사학이나 경제 이론 및 방법론을 적극적으로 분석에 활용한 신경제사학의 연구들은 후자로 분류할 수 있을 것이다.

이러한 변화 과정은 경제사 연구에 실로 중차대한 변화를 가져왔다. 그 동안의 경제사 연구들이 역사에 매몰되어 경제 문제를 부차적인 것으로 혹은 피상적으로 해석하는 데 그치거나, 경제학의 관점에서 보면 사료 해석이나 인과 관계의 분석에 있어서 많은 오류를 가지고 있었음이 밝혀진 것이다. 주로 신경제사학자들에 의해 이루어진 이러한 성과는 경제사 연구가 보다 경제학 쪽으로 가까이 다가간 결과였다. 그러나 이러한 노력들이 가속화되면서 또 다른 문제를 야기했다. 이론적이고 계량적인 근거를 강조하면서 객관성과 과학성을 분석의 중심축으로 삼다 보니 이제는 역사 의식이 부족하다는 비판에 직면하게 된 것이다.

지나치게 수리적, 계량적 방법론에 집착하는 경제사 연구에 대한 비판은 경제사학계 안팎에서 제기되어 왔다. 테민(Peter Temin)은 산업 혁명기 영국의 경제 성장에 관한 추론을 둘러싸고 학계에서 진행된 논쟁을 언급하면서 "이용 가능하지 않은 데이터의 돌벽에 머리를 두드리는 대신에 …"(Instead of banging our head against the stone wall of unavailable data, …)라는 표현을 쓰기도 했다(P. Temin, "Two Views of the British Industrial Revolution," NBER Working Paper No. 81, 1996). 역사학계로부터의 비판은 새삼스러울 것도 없을 정도가 되었다. 작금의 상황은, 맥클로스키(Deirdre McCloskey)가 언급하고 있듯이, 경제사학자들로 하여금, 이론과 방법론에 있어서는 이론경제학자들의 눈치를 보아야 하고 역사학자들로부터는 역사 의식이 결여되어 있다는 비판을 받는, 말하자면 어중간한 위치에서 학문의 존재 자체가 위태롭게 되어 버렸다.

이처럼 위기에 처한 경제사 연구의 유용성 회복을 위해서 세 편의 논문을 소개하고자 한다. 이들은 비교적 오래되기는 하였으나 이들이 제기하고 있는 논지가 그 동안 별다른 해결점을 찾지 못하고 그대로 오늘날의 경제사 연구 현실에 적용될 수 있다는 점에서 한편으로는 놀랍기까지 하다. 이른바 신경제사학으로 대표되는 오늘날의 경제사 연구에 있어서 주류가 등장한 것은 대체로 1960년대 중반으로 볼 수 있다. 번역된 논문 가운데 McCloskey 논문(1976)과 Lee & Passell 책의 서문(1979)은 이로부터 약 10여 년이 흐른 후 출간된 것이고, Hohenberg의 논문(2007)은 비교적 최근의 저술이다.

맥클로스키는 경제사와 역사, 문학 등에 폭넓은 관심을 가진 학자로 미국경제사학회 회장을 지냈고, 다작으로 유명하여 수많은 저서와 논문을 썼다. 번역된 논문은 1976년 *Journal of Economic Literature*에 실린 것으로 경제사 연구가 경제학의 이론과 방법론에 집착하면서도 오히려 이론경제학자들의 관심을 받지 못하고 있는 상황을 개탄하면서 경제학자들이 경제사 분야에 관심을 가져야 될 이유 등을 설득력 있게 말하고 있다. Hohenberg는 도시 발전사 분야의 권위자로 번역된 논문은 그가 2007년 전미경제사학회 회장 취임

식에서 했던 연설이다. 그는 이 논문에서 그 동안 경제사 연구가 다양한 관심과 방법론의 도입으로 발전된 것은 부인할 수 없으나, 그럼에도 불구하고 기본에 충실하지 못했기 때문에 소외되고 있다고 보고, 연구 내용을 보다 풍성하게 만들 필요성이 있음을 강조하고 있다. 마지막은 Susan Lee와 Peter Passell의 저서 *A New Economic View of American History*(New York: W. W. Norton & Company, 1979)의 "Introduction"으로, 이 책은 그 후 저자 중 한 사람이 바뀌면서 2판이 출간되었고, 서론의 내용도 대폭 수정되었지만, 초판의 서론이 신경제사학의 방법론에 대한 자세한 설명을 담고 있어서 이를 번역한 것이다.

경제사 연구가 경제학과 역사 연구 사이에서 외로운 줄타기와 같은 모양새가 된 것은 주변적 상황 논리도 있겠으나, 이 책에 소개된 논문의 필자들 논지에 비추어 볼 때 경제사학자와 학계의 책임이 크다고 하지 않을 수 없다. 경제사 연구자들이 스스로 이러한 문제 의식을 새롭게 하고, 경제사의 유용성을 회복할 수 있도록 하는 움직임에 이 책이 작은 디딤돌이 되길 희망한다.

2016년 2월

역자 노택선 씀

차례

과거는 유용한 경제학을 가지고 있는가?

Deirdre N. McCloskey

보다 유용한 경제사를 향해

Paul M. Hohenberg

*A new economic view of American history*의 서문

Susan Previant Lee and Peter Passell

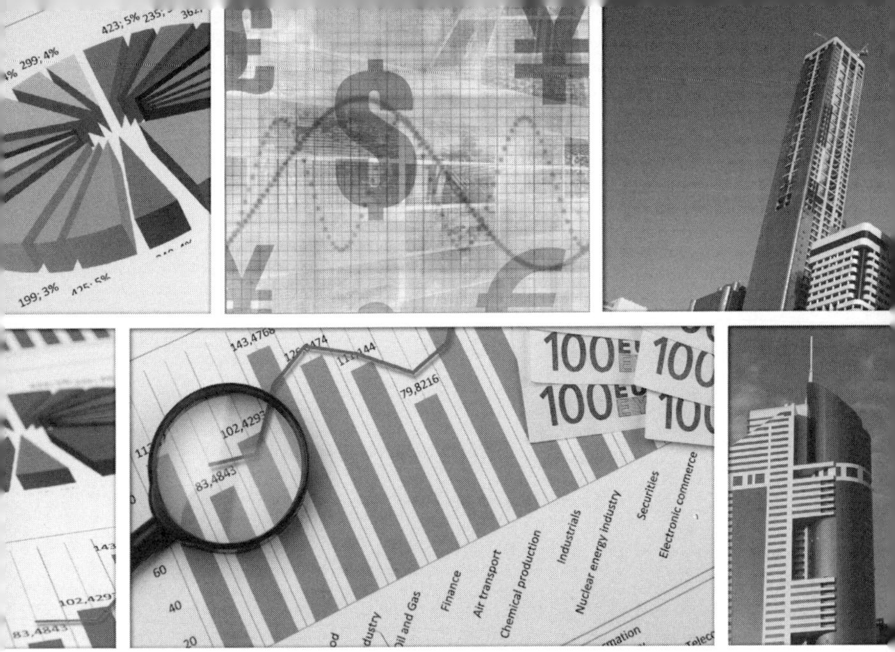

과거는 유용한 경제학을 가지고 있는가?

Deirdre N. McCloskey

이 논문은 1976년 *Journal of Economic Literature*에 실린 것으로 경제학자들이 경제사 분야에 관심을 가져야 될 이유 등을 설득력 있게 말하고 있다.

내가 이 글의 초기 원고에 대한 많은 동료들의 논평에 감사할 수밖에 없는 것은 단순히 관례이기 때문만은 아니다. 나는 그들로부터 모두 합하면 100쪽도 넘는 의견을 듣고 몇 시간의 대화를 통한 의견 교환을 할 수 있었다. 이 자체만으로도 경제사 연구에 대한 활기를 측정할 수 있지만, 그들의 결과물에 대한 공헌은 헤아릴 수조차 없다. 그러므로 나는 시카고대학과 노스웨스턴대학에서 이루어진 세미나들에 대해 감사한다. 카메론(R. Cameron), 에델슈타인(M. Edelstein), 엥거만(S. L. Engerman), 포겔(R. W. Fogel), 갤먼(R. Gallman), 제머리(H. Gemery), 골딘(C. D. Goldin), 건더슨(G. Gunderson), 호크(G. Hawke), 힉스(R. Higgs), 휴클(G. Heuckel), 휴즈(J. R. T. Hughes), 존슨(H. G. Jonson), 존스(E. L. Jones), 케이헌(A. Kahan), 킨들버거(C. P. Kindleberger), 레이욘후브드(A. Leijonhufvud), 린더트(P. Lindert), 맥클리란드(McClelland), 맥이니스(McInnis), 모키어(J. Mokyr), 닐(L. D. Neal), 옴스테드(A. Omstead), 퍼킨스(D. Perkins), 리드(J. D. Reid), 로젠버그(N. Rosenberg), 로스토(W. W. Rostow), 슈워츠(A. T. Schwartz), 솔로(B. Solow), 월튼(G. Walton), 화이트헤드(A. N. Whitehead), 윌리엄슨(J. G. Willianson)에게 감사를 표하고 싶다. 그리고 나는 스티글러(J. Stigler)에게 그의 뛰어난 글, "경제학은 유용한 과거를 가지고 있는가?"(Does Economics have a Useful Past?)[107, 1969]의 제목을 내 목적에 맞게 멋대로 도치시키고, 논문에서 보여 준 유용한 공리(p. 226)인 "모든 것에 대해 그럴싸한 이유가 열 가지씩 있는 것은 아니다"를 무시한 데 대해 미안하게 생각한다.

답은 물론 "그렇다"이다. 이러한 질문 자체가 부적절해 보일 수 있던 시절도 있었다. 몇 사람을 꼽아 보면, 스미스(A. Smith), 마르크스(K. Marx), 밀(J. S. Mill), 마셜(A. Marshall), 케인스(J. M. Keynes), 헥셔(E. F. Heckscher), 슘페터(J. Schumpeter), 그리고 바이너(J. Viner) 등이 역사 연구로부터 도움을 받았고, 거꾸로 역사 연구에 도움을 주기도 했다. 천국에서원문에는 발할라-북유럽 신화의 천국 내려다보는 그들에게는 후손들이 경제학 연구를 역사와 동떨어진 채 하는 것, 예를 들어 어떠한 사실을 발견하기 위한 자료 탐색을 할 때 시계열 자료는 최근 25년, 횡단면 자료는 인구조사국의 가장 최신 자료만 살펴본다든지, 실험하기 어려운 학문의 성격에는 관심없이 역사적 실험들을 간과한다든지, 과거의 사실들은 다른 구조에서 기인한 오류가 가득한 것으로 치부해 버린다든지, 정치경제학에서도 역사적인 관점을 포기한 채 그들의 이론과 정책을 정형화되지 않은 사실 혹은 어린 시절 들었던 동화에 기반한다든지 하는 것은 그들에게 일견 기이해 보일 것이다.

하지만 실제로 그러한 일들이 있어 왔다. 이러한 현상은 1940년대, 어떤 의미에서는 그 이전부터, 경제학의 내용과 연구 방법의 혁신에 매료된 젊은 미국의 경제학자들이 거시경제학, 수학, 통계학 등을 선호하고 역사와 관련된 책을 등한시하면서 시작되었다. 그러한 전문화에 대한 낮은 기회비용이 그것을 더욱 부추겼다: 당시 미국 경제사학이란, 비록 몇몇 뛰어난 예외는 있었지만, 좋은 경제학도 아니었고, 좋은 역사학 역시 아니었다. 단지, 미국 제도주의 학자들과 그들을 통한 독일 역사학계의 희미한 메아리였을 뿐이었다. 당시 미숙한 학자들이 역사학을 저평가했다는 사실은 전혀 놀랍지 않다. 경제학자들이 단기적인 거시 경제 정책이나, 좁은 제약 하에서의 수학적인 최적화, 그리고 간단한 구조의 통계적 추론 등에 대한 이해조차 어려움을 겪고 있던 그 후 10년간 역시 그랬다는 사실도 덜 놀라운 편이다. 더 충격적인 사실은, 역사를 읽고 활용하는 것이, 경제 성장에 대한 재발견이 이루어지던 1950년대 초에도 이루어지지 않았다는 사실이다. 이러한 역사에 대한 무관심이 재산권, 상속, 교육적 투자, 사회 계층, 소득 분배 등과 같이 경제학에서 쓰이던 역사와 관련된 개념들이 재발견되던 1970년대까지도 이어졌다는 사실은 충격을 넘어서 경악스러울 정도이다. 그리고 여기서 가장 경악할 만한 사실은 – 예를 들어, 천국에서 지켜보던 슘페터로 하여금 역겨움에 등을 돌려 술이나 한 잔 하며, 마르크스나 스미스와의 자본주의의 역사적 역학 관계에 대해 이야기하게 만들 만한 일은 – 1950년대 후반 퍼듀, 하버드, 워싱턴, 컬럼비아, 존스홉킨스 등등 늘어나는 미국과 해외의 공장들에서, 동료 경제학자들의 입맛에 맞추기 위해 라그랑지 승수와, 더빈–왓슨 통계 등으로 무장한 채 경제사 연구를 하는 경제사학자 집단이 쏟아져 나왔지만, 그들의 동료들은 받아들이지 않았다는 사실이다. 이제 결론은 나왔다: 후퇴한 것은 공급 곡선이 아니라 수요 곡선이었다. 시간당 읽기의 양 또는 월간 저술의 양으로 경제사의 가격이 매겨진다고 할 때, 같은 가격 수준에서 요즘 경제학자들은 경제사를 덜 수요한다.

진짜 경제학자들이 연구하는 것이 무엇인가에 대해 학술지, 특히 모든 주제를 다루는 종합 학술지에 발표되는 자료들의 경향을 보면 결과는 더욱 명확하다. 1925년부터 1944년까지 *American Economic Review*(AER), *Quarterly Journal of Economics*(QJE), *Journal of Political Economy*(JPE) 등의 학술지는 전체 분량의 6.5% 정도를 경제사 관련 논문에 할애했지만, 1945년부터 1974년까지는 단지 3.3%만이 경제사를 주제로 한 논문이었다.[1] 세 학술지를 따로따로 분석해 보면 역사로부터 멀어지는 경향은 〈표 1〉과 같이 나타나는데, 더 자세한 통계 자료들도 비슷한 흐름을 보여 준다. JPE는 오랜 시간 동안 가장 역사를 중시하는 학술지였다. 이러한 성향은 아마도 시카고학파가 경제학은 응용 수학 및 통계학이고, 장기적으로 우리는 모두

1) 이 차이는 전체 50년의 각 연도를 하나의 관측치로 취급해 볼 때 0.00003의 유의 수준에서 통계적으로 의미가 있다. 앞 시기의 분포는 쌍봉형이고, 따라서 당연히 정규 분포가 아니므로 맨-휘트니 U검정 방법을 사용했다. 이에 관한 증거는 요청하면 보여 줄 수 있다. 간단하게 말해서, 1925-1963 기간 중 세 저널에 실린 논문 가운데 역사에 관한 논문의 페이지 수는 이코노믹 저널 인덱스(*Index of Economic Journals*[1, 1961-1965]에서 역사 항목으로 분류된 모든 부분에 등장한 논문을 가지고 계산한 것이다. 여기서 '역사'는 "각 볼륨이 커버하는 기간의 최초일보다 20년 이전의 내용을 다룬 것"으로 한다고 되어 있다[1, 1961, p. xi]. 역사에 관한 이러한 정의는 초기 논문의 페이지 수를 과소 계산하게 만든 경향이 있다. 왜냐하면 인덱스의 각 볼륨에는 다양한 연도의 논문 목록이 실려 있기 때문이다: 역사로 분류되기 위해서는 1939년에 발행된 논문은 34년 전의 이벤트를 다룬 것이어야 하고, 1949년에 발행된 논문은 29년 전의 이벤트를 다룬 것이어야 한다.예를 들어, 볼륨 1에 1925년부터 1939년까지의 논문을 싣고 있다면 볼륨 1에서 커버하는 시점인 1925년으로부터 20년 전인 1905년의 내용을 다루어야 역사로 분류되는데, 이는 1939년에 발행된 논문의 입장에서 보면 34년 전의 내용을 다룬 것이어야 한다는 말이다. 반면, 1963년에 나온 논문은 23년 전의 이벤트를, 1974년에 나온 논문은 20년 전의 이벤트를 다룬 것이면 역사로 분류되었다. 이러한 점을 수정한다면 전후 경제사 논문 비율의 하락은 더욱 도드라질 것이다. 1964-1974년 기간에 대한 페이지 수 계산은 각각의 저널로부터 계산한 것인데, 이때 역사를 어떻게 분류했는지는 하는 기준이 애매하다. 분모가 되는 저널의 총 페이지 수는 증보판을 포함하고, 광고와 행정적 고지 내용, 그리고 서평란의 서평 등은 제외시키고 있다(앞의 인덱스에는 이러한 분류가 포함되어 있지 않다).1969년 이후의 AER의 총 페이지 수에는 이러한 부분들이 포함되어 있지 않다. 이들을 포함하는 방식으로 총 페이지 수를 정의해서 계산하면 역사의 비중은 훨씬 더 빠르게 감소하는 모습을 보일 것이다. 백분율 계산은 역사 논문의 페이지 수를 총 페이지 수로 나누어 하고 있는데, 저널 총 페이지 수에 따라 총가중치를 주고 있다. 이들 세 저널의 경우 가중치로 계산하지 않아도 별 차이는 없을 것이다.

〈표 1〉 경제사에 할애된 페이지 수의 퍼센트 요약, 1925-1974

	AER	QJE	JPE
1925-1944	4.4	5.4	9.9
1945-1974	2.2	3.3	5.4
차이에 대한 유의 수준(맨-휘트니 검정)	0.011	0.021	0.020

죽는다는 시각을 선뜻 받아들이지 않은 결과였을 것이다. 1929년부터 1944년까지 JPE는, 세계 대공황 및 전쟁에도 불구하고 지성에 대한 놀라운 헌신과 함께, 지면의 11%를 해밀턴(Earl Hamilton)과 네프(John Nef)의 연구를 포함한 다수의 경제사 연구에 할애했다. 하지만 1970년에서 1974년 사이에 바이너(Jacob Viner)와 더글러스(Paul Douglas)의 계승자들두 학자 모두 시카고학파의 유명한 학자로, 이들의 계승자라 함은 JPE의 출간을 담당하던 학자를 말하고 있음.은 지면의 2.8%만을 경제사에 할애했다. 그들이 특별한 것은 아니고 단순히 전반적 추세를 따라가고 있었을 뿐이었다. 경제학자들이 (적절하게) 전년도의 실업 및 무역에 대한 통계 자료에 집착하던 1935년부터 1939년 사이의 학술지들은, (역시 적절하게) 성장, 차별, 법률적 변화, 그리고 자본주의의 역사적인 해악과 같은 문제를 집중적으로 다루었던 1970년에서 1974년까지의 학술지들보다 2.7배나 많은 지면을 경제사에 할당하였다.

이러한 대조는 지난 50년간의 경제학 연구 문헌들에 친숙한 사람이라면 별로 놀랍지 않을 것이다. 다른 방법으로 조사해도 마찬가지 결과가 나오기 때문이다.[2)] 물론 경제사 전문 학술지들이, 다른 전문 학술지들과 마찬가지로, 이들 세 주요 학술지들로부터 경제사 논문들을 빼앗아 온 것은 분명한 사실이다. 하지만 종합 학술지의 구성은 이를 담당하는 편집자들이, 일반적으로 경제학자들에게 흥미로운 주제가 어떤 것인지를 판단하는 일종의 측정 지표이다. 종합 학술지의 편집자들은 경제학자들의 경제사에 대한 관심이 적고 감소하고 있다고 보는 것이다. 경제사를 전공하는 학자들만 읽는 전문 학술지의 존재를 고려하더라도, 종합 학술지들이 경제사를 매우 적게 다룬다는 것은 경제학자들이 역사에 무관심해지고 있다는 관찰과 모순되지 않는다. 오히려 더욱 정확하게 보여 주고 있다. 그냥 단순히 경제학자들이 AER에 인덱스된 200여 개의 학술지 가운데 아무 학술지나 골라잡고 아무 논문이나 읽는다고 했을 때 1973-1974년 사이에 그들이 읽는 논문이 경제사 관련 논문일 확률은 0.028이었을 것이다. 이렇게 경제사 논문을 접하게 되는 확률은, 마굿간에서 말 뒷발에 채여 죽는 사람 수와 마찬가지로, 포와송 분포에 근접

2) 브론펜브레너(Martin Bronfenbrenner)는 동의하지 않을 것이다[7, 1966]. 그는 경제학 학술지 전체 인덱스에서 분류 5(경제사)의 상대적 길이를 측정해서 다음과 같은 결과를 얻었다:

1886-1924	1.21%	1950-1954	1.44%
1925-1939	1.49	1955-1959	1.64
1940-1949	1.49	1960-1963	1.47

그는 이를 "1960년 이후 약간 감소하기는 했으나 상승 추세"라고 묘사했다[7, 1966, p. 544]. 그러나 이 계산에는 역사로 분류되지만 인덱스의 다른 부분에 나오는 것(예를 들어 9.51, "증권 및 화폐 시장, 역사")은 빠져 있다. 이는 이중 계산된 부분을 빼더라도 전체의 80%에 달한다; 게다가 그는 초기 볼륨의 인덱스에서 '역사'로 정의된 것이 매우 하향 편의를 가지고 있었던 점을 간과하고 있다(1924년에 발표된 논문은 역사의 범주에 들어가기 위해서는 58년 전인 1866년 이전의 사건을 다룬 것이어야 했다). 경제사가 "전체 학술지의 논문들 가운데 점차 비중을 늘려 가고 있었다"는 코츠(A. W. Coats)의 주장[12, 1971, p. 32]은 바로 브론펜브레너의 수치에 근거한 것이다.

할 것이다.[3] 물론, 다른 분야를 전공하는 경제학자들은 경제사 전문 학술지를 참고하지 않을 것이다. 경제사 연구가 전문 학술지로 옮겨 가고 경제학자들이 이러한 학술지들을 읽지 않는 추이는 의심의 여지없이 점점 벌어지는, 최근에서야 비교적 가까워지고는 있지만, 경제학과 역사학의 연구 방법 차이 때문이다. 1926년 JPE의 편집장은, 의심할 필요도 없이, 그들의 독자들이 호브드(B. J. Hovde)의, 서사적으로 발표된 3편의 긴 논문 중 첫 번째인, "프랑스 사회주의와 3국 협상, 1893-1914"(French Socialism and the Triple Entente, 1893-1914)를 읽을 것이라고 믿었다. 그러나 가장 중요하지만 계량화하기 힘든 사실은, 단순히 읽는 것과는 별개로, 경제학 연구에 있어서 역사적 방법론을 덜 사용하는 추세이다. 경제학자, 예컨대 국제 무역을 전공하는 학자가 *Econometrica*나 *Journal of Finance*에서 중대한 논문을 읽든 아니든 그는 조사 결과나 교과서 등에 나오는 정제된 논문의 결과를 이용할 것이다. 그러나 이러한 일은 현재 경제사가 처한 상황에는 적용될 수 없다. 과거는 유용한 경제학을 가지고 있는가? 평균적인 현대 미국의 경제학자라면 아니라고 대답할 것이다.

예외들은 여러 가지 의미에서 눈에 띈다. 많은 경제학자들이 놀랄 만한 사실은, 알키안(Armen Alchian), 브라운(E. Cary Brown), 케이브스(Richard Caves), 고든(Donald Gordon), 케셀(Reuben Kessel), 널러브(Marc

3) 여기서 언급한 수치는 AER의 인덱스 가운데 역사 관련 논문 제목의 길이를 가지고 계산한 것이다. 1973-1974년 기간에 대해서는 인덱스의 분류 5에 포함된 것뿐 아니라 역사 관련 모든 논문을 포함하고 있다. 예를 들어, 경제사에 매우 특화된 저널인 『농업사』 같은 저널은 AER의 저널 인덱스에는 포함되어 있지 않지만 논문 인덱스에는 포함되어 있다.

Nerlove), 올슨(Mancur Olson), 리즈(Albert Rees), 라이터(Stanley Reiter), 그리고 젤너(Arnold Zellner) 등 경제사를 전공하지 않는 학자들이 실제로는 경제사 연구에 큰 기여를 했다는 것이다.[4] 잠시 미국 경제학과 미국 역사와의 관계라는 주제에서 벗어난 이야기를 하자면, 영국에서는 이러한 비전공자의 진지한 관심이 강하게 드러난다. 예컨대, 블로그(Mark Blaug), 케언크로스(A. K. Cairncross), 힉스(J. R. Hicks), 매튜스(R. C. O. Matthews), 펠프스-브라운(E. H. Phelps-Brown), 세이어즈(R. S. Sayers), 토머스(Brinley Thomas), 그리고 베이지(John Vaizey) 등은 영국에서 현대 정책, 이론 등의 문제를 다루는 경제학자로 유명하지만, 그들은 모두 영국 경제사 연구에 높은 수준의 기여를 했다. 전후 미국경제학회(American Economic Association)의 회장단들은, 슘페터가 경제학이라는 과학의 기초를 만들면서 이론과 통계학을 다루었듯이 역사를 다루도록 훈련된 학자들로 그 수가 상당하다. 최근의 부회장들, 아브라모비츠(Moses Abramovitz), 도마(Evsey Domar), 킨들버거, 루이스(W. Arthur Lewis), 그리고 트리핀(Robert Triffin)은 역사를 저버린 적이 없는 사람들이다. 마찬가지로 전후의 AEA 회장들의 말이나 연구들은, 경제적 발상을 모형화하거나, 주어진 통계 자료를 활용하기 위한 테크닉을 개선하거나, 현재 정책을 세 번째로 좋은 설정에서 두 번째로 바람직한 설정으로 바꾸는 등의 어렵고 중요한 일에

4) [60, Kessel and Alchian, 1959; 8, Brown, 1956; 10, Caves, 1971; 11, Chambers and Gordon, 1966; 77, Nerlove, 1965; 81, Olson, 1963; 90, Rees, 1961; 54, Hughes and Reiter, 1958; 137, Zellner and Murphy, 1959.] '클리오메트릭스'(cliometrics 역사의 여신인 clio와 계량경제학인 econometrics를 결합한 용어로 일반적으로 '계량경제사학'으로 번역된다.)라는 말은 라이터가 처음 지어낸 것으로 우스갯소리가 통상 용어가 된 경우다.

있어서 경제사가 불필요한 장식과도 같다는 구성원들의 지배적인 의견을 결코 받아들이지 않았다. 레온티에프(Wassily Leontief)는 1970년 그의 회장 취임 연설에서 기계적인 이론과 학문적인 계량경제학을 경험적인 연구보다 중요시한다는 이유로 그를 뽑은 사람들을 꾸짖은 바 있다[66, 1971, p. 3]:

> 주어진 통계 자료로부터 미지의 또 다른 파라미터를 억지로 추정할 수 있게 해주는 새로운 통계적 기법을 고안하는 것은, 아무리 미약할지라도, 대단한 과학적 업적으로 취급되는 반면, 우리가 그 파라미터의 크기를, 기발하지는 않지만 더 믿을 만하게 추정할 수 있도록 해주는 어떤 추가적인 정보를 성공적으로 찾아내는 일은 별다른 주목을 받지 못한다.

그는 또 다른 스타일로 오랜 전통을 유지해 온 농업경제학자들과, 덜 오래된 비슷한 형태의 전통을 유지하는 경제사학자들을 칭찬하기도 했다[66, 1971. p. 5].

> 이론적 분석과 경험적 분석의 건강한 균형 및 전문적인 경제학자가 이웃한 전공 분야의 전문가들과 기꺼이 협동 연구를 해온 우수한 사례로는 이 나라에서 지난 50년간 발전해 온 농업경제학을 들 수 있다.

의심의 여지없이 레온티에프가 염두에 두고 있던 농업경제학자 중 한 명은 AEA 회장을 지낸 바 있는 슐츠(Theodore W. Schultz)이다. 그는 1974년에 젊은 시절 경제사를 더 열심히 공부하지 않은 것을 후회하며, "거의 모든 경제학자들이 부국, 빈국을 막론하고 경제의 역사를 저평가하는 강한 경향이 있다. 나는 이러한 눈앞에 닥친 현재에 집중하는 경향으로부터 나온 지식을 믿지 못하겠다"라는 말을 한 적이 있다[101, 1974, p. 12]. 역시 전후 AEA 회장을 역임한 바 있는 프리드먼(Milton Friedman)은 슈워츠와 함께 경제사에 중요한 기여가 된 연구를 했을 만큼 경제사의 중요성을 높이 평가했다. 프리드먼보다 약하긴 했어도, 더글러스, 갤브레이스(John Kenneth Galbraith), 고든(Robert Aaron Gordon), 그리고 윌리엄스(J. H. Williams) 등도 경제사의 가치를 높이 평가한 바 있다. 슘페터, 이니스(Harold Innis), 그리고 쿠즈네츠(Simon Kuznets) 등도 역시 자신들의 연구 경력에서 경제사의 발전을 위해 헌신할 정도로 경제사에 중요한 가치를 두었다.

하지만, 이러한 나이든 세대가 젊은 경제학자들에게 경제학 연구에 있어 역사의 중요성을 설득시키는 데 실패했다는 사실은 명확하다. 그들이 설득하는 데 성공한 이들 – '신' 경제사학자 또는 '계량경제사학자' 들 – 은 그들을 의심하는 동료들을 설득해야 한다는 점을 무시하고 오히려 경제학 이외의 학자들, 주로 역사학자들을 설득하는 데 공을 들였다. 역사학자들을 설득의 대상으로 선택한 것은 제국주의자들 수준의 열의와 에너지를 계량경제사학자들에게 채워 주며 자신들 사이의 정서적인 유대감을 공고히 하게 하는 장

점이 있었다. 그 결과로 앞서도 말한 것처럼 1950년대에 미국경제사의 일부 내용을 수정하고, 최근 다른 경제사들 역시 수정하려는 일련의 정복 활동들이 시작되었으며 매년 그 범위를 넓혀 갔다. 하지만 지적인 제국주의자로서 계량경제사학자들은, 많은 제국주의자들이 그렇듯이, 외국으로의 모험은 국내의 지지를 필요로 한다는 것을 잊고 있었으며, 따라서 지지를 요청하지도 않았기에 지지를 받지도 못했다. 다른 경제학자들도 자신들의 이해를 무시함으로써 비슷한 운명을 자초했던가? 1930년에 시작된 후 30년간, 수학 및 통계학을 주로 사용하는 경제학자들은 설득되지 않은 사람이 사라질 때까지 그들의 말을 들어 주는 모두에게 경제학의 이런저런 부분들에 있어 수학이나 통계학이 필수적임을 주장했다. 경제사학자들 역시도 이런저런 부분들에서, 그들의 더 과격한 동료들과 겹치는 부분들에서도, 역사가 필수적임을 같은 강도로 주장할 수 있었다. 하지만 그들은 거의 그러지 않았다. 세계 대전 이후 전개된 바와 같이 경제학 내에서 사교적이 되어버린 경제사학자들은, 사실적 정확성에 대해서는 기준이 낮고 사회적 타당성에 대해서는 폭넓게 해석하면서도 논리적인 타당성과 통계적인 품위에 대해서는 높은 기준을 가지고 있는 동료들을 그대로 따라할 만큼 그들의 동료들에 대해 미안해하고 차별적인 태도를 보였다. 수리경제학자나 계량경제학자들이 가지고 있던 자신감을 신경제사학자들은 가지고 있지 못했고, 따라서 이들은 다른 경제학자들에게 경제학에서 역사의 가치를 설득할 책무를 도외시했던 것이다.

1 경제사의 가치

그들이 임무에 실패한 것은 그것이 어렵기 때문이 아니다. 일련의 주장은 약간의 노력만으로도 시작된다. 경제사를 전공한 학자에게 경제사의 가치란, 그들의 연구가 기여하기도 하는, 일반적인 역사학의 가치와 비슷하다. 경제학과 관련이 있든 없든, 경제사학자가 역사 연구를 하기로 결정한 것은 그가 역사에 높은 가치를 두기 때문이다. 역사라는 것이 경제 법칙을 시험하거나 경제 정책의 틀을 잡는 데 직접적으로 유용하든 아니든 역사는 지혜로 가득한 집단 기억이라고 믿는 경제학자들에게는 물론이고 경제사학자 자신들에게도 이러한 정당화는 충분한 가치가 있다. 실용적인 측면을 고려하지 않더라도, 경제사의 가치는 전반적인 지적 활동의 가치와 같다. 이러한 연구 활동이 충분히 가치 있음을 전문적인 지성인들에게 설득시키는 것은 무엇보다 쉬울 것이다. 트레블얀(G. M. Trevelyan)은 이러한 논지를 우아하게 보여 주었다[117, 1942, pp. viii, x].

> 사심 없는 지적 호기심은 진정한 문명의 생명선과도 같다. 다른 무엇보다 문명인과 야만인을 구분지어 주는 것은 우리 선조들에 대해 그들이 있던 그대로 인식하고, 조금씩 잊힌 과거에 대한 조각들을 재구성해 내는 것이다. 현대인들에게 별의 무게를 재거나, 배가 공중 또는 해저를 항해하게 하는 것이 오랫동안 잊혀 온 일련의 사건들, 그리고

우리 이전에 살았던 사람들의 진정한 모습을 아는 것보다 결코 더 놀랍거나 고상한 일이 아니다.

우리는, 실용적이든 아니든, 수학적으로 아름답고 우아하게 증명된 최적 제어 이론의 정리를 볼 때와 마찬가지로 역사적으로 중요하고 경제학적으로 통찰력 있는 남부 노예, 19세기 사업가, 또는 중세 농노들의 역사에 대해서도 경탄할 수 있다.

이러한 점에서 보았을 때, 그들의 상아탑에 대한 집착이라는 측면에서 경제사학자들은 수리경제학자들과 많은 공통점을 갖는다. 더 나아가, 둘 모두는 시장에 대한 흥미를 보였기에 충분히 경제학과 관련을 갖지만, 유언장 기록이나, 부동점 정리에 대해 상대방과 이야기를 나눌 때는 무표정한 시선이나 주제를 전환하려는 시도와 마주하게 된다. 한 가지 뚜렷한 차이점이 분명히 존재하기는 한다: 경제학을 수학적으로 전환하려는 시도는 40여 년간 이어져 온 반면, 경제학을 역사적으로 전환하려는 시도는 전혀 이루어지지 않았다. 이러한 차이가 경제학자들 사이에 역사에 대한 무지보다 수학에 대한 무지를 받아들이기 힘들게 만들었다. 사회 과학이 문학과 과학이라는 두 문화 사이에 다리를 놓아 주던 날들은 옛날이야기가 되어 가고 있으며, 경제학은 그 다리를 오래전에 불태웠다. 분명히 하자면, 편안한 무지는 경제학자들만의 것은 아니다. 문화는 야만인들의 개념이다. 즉, 그냥 무시해도 좋은 사람들의 개념인 것이다. 지적 문화란 그냥 무시해도 좋은 야만인 지식 계층의 개념이다. 습관적으로 수량적인 주제를 자주 다루는 사회역사학자는 그가 연구하는 사회의 언어, 문학, 또는 정치적인 역사를 모른다고 인정하는 것이 매우 부끄러울 것이다. 하지만 그는 그의 수학이나 통계학적 교양이 10살짜리 수준이라는 것은 기꺼이 인정할 뿐 아니라 그 분야의 무지를 해소하려는 노력조차도 하지 않는다. 그러한 집단에서는 수학적으로 무지한 것이 지적 장애가 없는 것처럼 칭찬받을 만한 일이다. 경제학자들은 아직까지 이와 유사한 태도를 보이지는 않았다. 그럼에도 불구하고, 역사적인 주제를 주로 다루는 응용경제학자는 미분 방정식이나 통계적 판별의 문제에 대한 스스로의 무지를 인정할 때 부끄러워하지만, 그가 연구하는 경제에 1929년, 1948년, 1970년 이전에 어떤 일들이 일어났는지 전혀 모른다는 점은 아무 부끄러움 없이 인정하고는 한다.

경제학자들이 자신의 전공 영역에서 갈수록 과거를 무시하는 경향을 보이게 된다면 무엇을 잃게 될까? 사심 없는 지적 호기심의 고결한 요청에 더 이상 주의를 기울이지 않기로 했다 할지라도, 왜 경제학자들은 경제사에 대해 읽고 써야 하는가?

2 경제사의 실용적 가치

1) 더 많은 경제적인 사실

실용적인 대답들은 직설적이다. 첫 번째이자 가장 분명한 대답은 경제학자들이 주장한 명제들이 틀렸을 수도 있다는 것을 보여줄 많은 정보를 역사가 제공한다는 것이다. 정보의 소비자인 대부분의 경제학자들은 역사로부터 이용 가능한 정보의 양이 엄청나다는 점에서 놀랄 것이다. NBER(The National Bureau of Economic Research, 전미경제연구소미국 최대의 민간 비영리 경제 연구소)은 이러한 측면에서 비상한 노력을 기울여 왔다. 통계 분석이 아니라면 역사에 관심이 없었을 경제학자들이 지난 반 세기 동안 과거를 경작하여 결실을 거둔 수천 개의 회귀 분서 결과들은 지난 15년간 신경제사학자들에게 충분한 자양분이 되어 왔다. 1950년대와 1960년대에 그들 중 다수는, 비유를 조금 바꾸자면, 뉴욕 소재 NBER의 사회 '관측소'에서 경제를 '관측하는' 견습 업무를 수행했으며, 1950년대 후반과 1960년대 초반에 출간된 역사 연구의 두 목록에 큰 기여를 했다(50년대 후반과 60년대 초반의 역사 연구들은 각각 파커[82, 1960]와 브래디[6, 1966]에 의해 그 목록이 편찬됨).[5] 1960년 NBER의 역사학자들이 인구조사국(Bureau of the

5) 보다 이전에 출간된 책에는 1957년, NBER과 신경제사학의 결혼을 축하하기 위해 개최된, 소득 및 자산에 관한 컨퍼런스와 미국경제사학회의 공동 학술 대회에서 발표된 대부분의 논문이 실려 있다. 최근에는 이 결혼이 이혼으로 흘러가는 것 아닌가 하는 보고가 들려온다.

Census) 및 사회과학연구위원회(Social Science Research Council)와 함께 연구물들을 간행한 것은 신경제사학의 케플러 시대행성 운동에 관한 세 가지 법칙을 발견한 독일의 천문학자로, 천문학 연구의 새 장을 열었던 것으로 평가받는 인물를 열었다. NBER의 관심사는 역사적이라기보다는 법칙 정립적이었다. 즉, 역사 자체보다는 경제 체제의 규칙성과 (결과적으로) 예측 가능성에 빛을 던질 수 있다는 점에서 수량적 역사에 대한 관심을 가진 것이었다. 그러나 그러한 이유로 아브라모비츠, 번즈(Arthur Barns), 패브리컨트(Solomon Fabricant), 골드스미스(Raymond Goldsmith), 그리고 켄드릭(John Kendrick) 등이 경제사 연구를 권장하는 데 한 역할을 깎아내리는 것은 무례한 것일 뿐 아니라 정확하지도 않은 것이다. 갈수록 역사에 대해 싫증을 내던 상황에서도, NBER은 미첼(Wesley Clair Mitchell)이 1927년에 언급한 것에서 볼 수 있듯이, 애초부터 역사라는 개념을 매우 중요하게 생각했다[74, 1927, p. x]:

> 경기 순환은 수많은 경제적 과정 사이의 엄청나게 복잡한 상호 작용으로 구성되어 있다. 그러한 상호 작용을 이해하기 위해서는 질적, 양적 분석에 역사적 연구를 결합해야 되고, 각각의 현상은 특정한 형태의 경제 조직에 특유한 것이며, 이러한 제도들의 구조를 이해하는 것이 경기 변동을 이해하는 데 반드시 필요한 전제가 되는 것이다.

36년 뒤 이 같은 역사에 대한 인식은 밀튼 프리드먼과 안나 J. 슈워츠의 야심찬 저작에 그대로 살아서 나타난다. 이들은 “미국에서 통화가 야기한 지속적이고 순환적인 변동에 대한 통계적 분석의 서론 이자 배경"으로서의 "분석적인 이야기"를 쓰고자 한다고 했다[33, 1963, pp. xxi-xxii].

NBER의 이러한 지배적인 관념은 – 경험적 연구를 하는 데 있어서 단순히 역사적 사실들을 소비하는 것을 넘어서 그 결과물을 적절한 역사적 환경에 끼워 넣는 식으로 생산할 수 있다는 – 1950년대와 1960년대의 젊은 경제사학자들에 의해 포착되었고 그리고 더욱 확산되었다. 대부분의 '경제학자'들이 참고열람실에 비치된 책의 깔끔하게 정리된 차트만 가지고도 충분한 통계 자료들을 얻을 수 있다고 생각하는 반면, 젊은 '경제사학자'들은 가능하다고 여겨졌던 것보다 훨씬 더 이전으로 거슬러 올라간 과거에 대해서까지 통계 자료가 만들어질 수 있고, 그렇게 만들어진 통계가 중요한 역사적 사건을 분석하는 데 사용될 수 있다고 생각했다. 특히, 1950년대에 교과 과정에 다수 유입되어 마침내 경제학의 대학원 수업들을 통해 넘쳐흘렀던 수학적, 통계적, 그리고 계산적인 기술들을 통해 그들은 역사의 분석 대상을 다시 조각할 도구를 얻었던 것이다. 상징적인 것 이상의 영향을 미친 세 사람의 이름을 상징적으로 거론하자면, 거셴크론(Alexander Gerschenkron), 쿠즈네츠, 그리고 노스(Douglass North)의 제자들은 그러한 기술을 재빠르게 배웠고, 그들의 스승들이 미국 소득, 이탈리아 산업의 산출량, 또는 미국의 국제 수지 등을 1869년, 1881년, 심지어 1790년까지 거슬러 올라가 분석할 수 있다면, 그들 자신도 그 이전의 시기까지 분석할 수 있다고 생각하였다. 쿠즈네츠의 제자 갤먼(Robert Gallman)은 미국 상품의 산출량을, 그리고 더 나아가 GNP를 1830년대까지 공들여 재구축했다[34, 1960; 35, 1966]. 그는 나중에 하버드의 어셔(A. P. Usher)의 제자이자, 어셔의 계승자인 거셴크론의 제자이기도 한 파커(William Parker)와 힘을 합쳐 1860년 농업 센서스의 수기 자료들을 대규모로 샘플링하기도 하였다. 쿠즈네츠의 또 다른 제자인 이스털린(Richard Easterlin)은 주별 소득 자료를 1840년대까지 재구축하였고, 그리고는 멀리 돌아 19세기 중반까지의 미국 인구에 대한 자료를 재구축하기도 하였다[21, 1960; 22, 1960; 23, 1968]. 거셴크론의 제자들이었던, 콘래드(Alfred Conred), 데이비드(Paul David), 피쉬로(Albert Fishlow), 마이어(John Meyer), 올린(Goran Ohlin), 로소브스키(Henry Rosovsky), 그리고 테민(Peter Temin)은 그 당시까지는 무시당했던 19세기 미국의 노예제, 농기계, 철도, 교육, 그리고 철강, 19세기 일본의 농업 및 정부 금융, 중세 유럽의 인구 등에 대한 엄청난 규모의 양적 자료들을 경제학자의 눈으로 살피면서, 1950년대 후반부터 1960년대 초반까지 하버드를 신경제사학 연구의 중심으로 만들었다.[6] 같은 시기에 같은 아이디어가 떠오르는 경우가 있다는 것을 보여 주기라도 하듯, 비슷한 시기에 비슷한 연구의 중심이 (쿠즈네츠의 두 제자, 포겔(Robert Fogel)과 엥거만(Stanley Engerman)이 19세기 미국의 철도, 노예제, 그리고 농업에 대해 살펴보던) 로체스터와 (노스의 제자 휴즈(Jonathan Hughes)와 데이비스

6) 이러한 작업 가운데 기념비적인 것으로는 로소브스키 편저[96, 1966]의 1부를 꼽을 수 있다. 콘래드와 마이어의 연구들은 [14, 1964]에 집대성되어 있다.

(Lance Davis)가 에임스(Edward Ames), 로젠버그(Nathan Rosenberg) 등 놀랄 만큼 많은 수의 다른 경제학자들과 함께 20세기에서 14세기까지의 금융, 경기 순환, 기술적 변화 등을 재해석하던) 퍼듀에서도 등장하였다.[7)] 1960년부터 이들 그룹은 매년 퍼듀의 학회에서, 1969년 이후에는 위스콘신으로 장소를 옮겨 모였다.[8)] 그 밖에도 월튼(Gary Walton)[121, 1967]과 노스의 다른 제자들이 노스와 힘을 합쳐 해상 운송 요금을 17세기까지 재구성하기 위해 노력하였고[78, 1968], 1950년대 사이먼(Matthew Simon)은 컬럼비아대학 및 NBER의 '사실을 캐내는 사람들'(fact-makers; 인용 부호는 역자)과 함께 1861년부터 1900년까지의 국제 수지 계정을 정리했다[104, 1960]. 레버거트(Stanley Lebergott)는 미국 노동 시장의 기록을 1800년까지 거슬러 올라가 재정비했다[65, 1964]. 월튼은 노스의 다른 제자인 셰퍼드(James Shepherd)와 함께[102, 1972] 식민지 미국의 무역 계정을 구축했으며, 노스의 또 다른 제자이자 토머스(R. P. Thomas)의 제자이기도 한 앤더슨(Terry Anderson)은[2, 1972] 17세기 뉴잉글랜드 지역의 소득 및 인구 통계를 구축하였다. 와이스(Roger Weiss)는 식민지 미국의 통화 공급을 추정해 내었다[122, 1970; 123, 1974]. 이렇게 많은 연구들이 이어졌고 지금도 계속되고 있다.

7) 퍼듀학파(전성기 1958-1966)의 저작들은 퍼듀 교수 경제사 논문집(*Purdue Faculty Papers in Economic History*)[88, 1967]에 수록되어 있다.

8) 이 모임과 다른 계량사학의 프로젝트에는 재정 지원을 하는 재단들의 역할이 매우 중요했다. 포드 재단은 퍼듀의 학회를 한동안 지원했고, 록펠러 재단은 하버드의 거센크론 제자들에 대해 재정 지원을 했다. 1960년대 중반에는 지원이 뜸했다가, 1968년 이후 계량사학자들을 지원해 온 것은 국립과학재단(National Science Foundation)이었다. 훗날 경제학사를 연구하는 누군가가 이러한 재정 지원의 역사에 대해 세련된 연구 기법을 적용해 본다면, 당시 재정 지원금의 지적 한계 생산물은 어머어마할 만큼 높게 나오지 않을까 한다.

사실을 정리하는 연구가 크게 늘어난 것은 어느 정도는 경제학 내부로부터 시작된 것이었다. 하지만 전문화된 경제사학자들로 넘어가면서 이러한 연구들은 그 나름의 탄력을 얻으며 전환점을 맞게 되었다. 최근의 예를 들자면, 1867년부터 1960년까지 미국 통화의 통계 자료를 정리했던 프리드먼과 슈워츠의 성공은 더 앞선 시기의 미국, 그리고 영국, 더 나아가 다른 나라들의 통계 자료에 대한 역사적 연구를 자극했다[111, Temin, 1969; 103, Sheppard, 1971]. 생산성 변화에 대한 연구는 역사 연구가 전환점을 맞았던 또 하나의 예이다.[9] 아브라모비츠와 솔로의 초기 연구는, 프리드먼과 슈워츠의 연구와 마찬가지로, 역사적이기보다는 법칙 정립적이었다. 하지만 이는 경제사학자들에게 전해지면서, 이후 본래의 목적보다 더 유용하게 사용된, 투입과 산출의 양 및 가격에 대한 연속적인 역사적 연구를 수행하는 자극제가 되었다. 이러한 경제학 연구들에 의해 검증된 이론들이 지적인 유행의 변화 – 경기 변동, 소비, 투자 행위, 성장, 통화 또는 생산성 변화 등 – 에도 불구하고 살아 남았는지와 상관없이 역사를 통해 그러한 자료를 적용해 보고 싶은 욕구는 새로운, 그리고 오래 살아남을 사실들을 계속 만들어 내고 있다.

오래된 역사 서술에만 익숙한, 또는 전혀 역사를 접해 보지 않

9) '나머지'(the residual; 그것의 가격 측면과 함께 이중적 형태로. 여기서 나머지는 총요소 생산성 분석에서 자본과 노동의 성장 기여분을 제외한 나머지의 개념)라는 개념이 1920년대 영국 및 미국의 산업에 대한 역사적 연구 과정에서 존스(G. T. Jones)에 의해 발명되었다는 것이 영국경제사 연구 이외의 분야에서는 널리 인정되지 못하고 있다. 존스는 사후에 출간된 책 *Increasing Returns: A Study of the Relation Between the Size and Efficiency of Industries, with Special Reference to the History of Selected British and American Industries, 1850-1910* [57, 1933, p. 33]에서 이러한 개념을 창안했는데, 이에 대해서는 뒤에서 더 언급할 것이다.

은 경제학자들에게는 역사가 통계 자료의 보고라는 주장이 낯설 것이다. 잘못 교육받은 경제학자들은 참고열람실에 있는 소득, 임금, 수출 등의 통계 자료가 시작된 연도 이전에는 "전혀 자료가 없을 것"이라고 믿는다. 20년 전만 해도 대부분의 역사학자들, 심지어 경제사학자들조차 그들에게 동의했을 것이다. 그들 중 일부는 여전히 그럴 듯한 이유를 들어 1900년 이전 지표를 측정할 필요가 없다는 식의 주장을 하고 있다: 그들이 거론하는 이유로는 완벽하게 정확한 자료를 얻는 것은 불가능하다거나(추정치에는 오류가 존재한다), 어느 누구도 전체 사회를 대표하는 평균적인 특징을 가질 수 없다거나(모든 분포에는 분산, 즉, 평균과의 차이가 존재한다), 통계는 역사 연구에서 사람이 아닌 숫자만 바라본다는 주장(주어진 자료들은 대상의 특성 전체가 아닌 제한된 일부만 보여 준다) 등이 있다. 경제학자들은 역사학자가 영혼이 없는 도구보다 우월한 직관적인 특별한 분석 도구를 지녔다고 치부해 버리면서 자기 만족을 느낄지 모르겠지만, 그들이 이처럼 역사 속의 통계에 거부감을 보이는 것은 한심한 근거에 기반하고 있음을 알아야 할 것이다. 컴퓨터의 발달과 신경제사학자들에 의해 주도된 계량사학의 발전은 어떤 경우에나 통계적 불가지론[통계만으로는 아무 것도 알 수 없다는 논리]을 이상하게 바라보도록 하였다.

중세로 거슬러 올라갈수록 줄어들기는 하지만, 역사적 사실들은 어떤 엄청난 지적 탐욕도 뛰어넘을 정도로 방대하다. 그것들은 단지 노력과 상상력만 있으면 충분히 얻을 수 있다. 13세기 영국의 농림부가 단지 20세기의 농경제학을 연구하는 학생들을 위해 영국의 농업 산출량 통계를 모으지는 않았다. 하지만 중세 사학자들은 토지 관리관이 영주에게 바치는 농산물을 기록하는 장부를 통해 영주가 경작하던 토지의 산출량 통계를 얻을 수 있음을 오래 전에 깨달았다. 또한 그들은 보다 최근에는, 영주가 경작하던 땅이든 농노가 경작하던 땅이든 교회에 십일조를 냈음을, 그리고 매해의 십일조 수입을 검토하고 보존하기 위한 체계적인 문자 기록이 남아 있기에 그것을 통해 산출량을 추정할 수 있음을 깨달았다.[10)]

물론, 이러한 수집된 사실들을 이용 가능한 형태로 바꾸기 위해서는, 경제사학자들이 이제 막 시작한 것에 비해 훨씬 더 많은 에너지를 투자할 필요가 있다. 이에 알맞는 사례로는 솔트레이크시티의 모르몬 교회에서 죽은 사람들을 세례하며 남긴, 수많은 세대의 가족사를 알 수 있는, 거대한 유전적 기록의 모음이 있다.[11)] 하지만 선천적이고 후천적인 인적 자본에 대해 연구하는 사람들은 이보다 다루기 쉬운 자료를 역사 속에서 찾을 수 있다. 예를 들어, 설문 조사는 최근에 발명된 것이 아니다. 1086년부터 지금까지의 유럽과 그 분파의 역사는 설문 조사로 범벅되어 있다. 상대적으로 보다 가까운 예를 들자면, 1909년 미국 이민위원회는 30만 명의 외국 출신을

10) 믿기 어려운 사람들은 티토(J. Z. Titow)를 보면 토지 관리관의 계정으로부터 얼마나 많은 자료를 얻을 수 있는지 알 수 있을 것이다[116, 1972]. 영국 문헌에는 십일조가 일반화되어 있지 않은 듯하나, 조이(J. Goy)와 르라뒤(E. Le Roy Ladurie)에의 연구에 따르면 프랑스에서는 일반화되었던 바가 있다 [41, 1972].

11) 이들 기록에 관해서는 *Historical Methods Newsletter*에 근간 예정인 포프(Clayne Pope)와 윔머(Larry Wimmer)의 논문을 참조하라.

포함한 50만 명 이상의 임금 소득자들과 1만 4,000가족, 6만 명을 대상으로 그들의 직업, 임금 소득, 가계 소득, 주거 형태, 집세, 자녀, 학교 교육, 문맹률, 사용 언어, 해외 송금, 처음 미국에 왔을 때 가져온 돈 등에 대한 설문 조사를 진행하였다. 위원회는 비교적 대규모로 고용주들에 대해서도 설문했다. 조사 결과는 42권의 책으로 출판되어 아직도 인적 자본의 축적, 소득의 생애 주기, 여성의 노동 참여, 이민, 그리고 차별 등에 관심 있는 경제학자들의 호기심을 기다리고 있다.[12] 사람들이 자신의, 또는 다른 사람들의 경제 활동에 대해 무엇인가를 쓸 때마다, 경제학자들은 자신의 연구를 위해 그로부터 더 많은 것들을 관찰해 낼 수 있다. 경제사학자들은 사람들이 이를 오랜 기간 동안 해왔음을 알고 있다.

2) 더 나은 경제적 사실

경제사학자들이 경제학자들에게 현대의 사실들보다 여러 가지 측면에서 훨씬 더 다양한 새로운 차원의 사실들을 제시할 수 있는데, 그렇다고 해서 과거의 통계 자료들을 재구성하기 위한 영감은 단순히 경제학으로부터만 오는 것은 아니다. 19세기와 그 이전 사

12) 보고서에 관한 간단한 설명과 이용에 대해서는 힉스[50, 1971]를 참조할 것. 힉스는 출판된 책을 이용하고 있으나, 아직 남아 있다면 설문 원본이 훨씬 더 많은 정보를 가지고 있을 것이다. 이 보고서는 역사적 통계를 해석하는 데 있어서 역사적 내용을 얼마나 고려해야 하는지를 보여 준 좋은 사례이다. 이 보고서는 채찍과 백인의 책무(the Big Stick and the White Man's Burden) 시대의 양상을 그대로 드러낸 원주민 차별적이고 인종 차별적 문서였다.

람 및 기업들의 죽음은, 그 연구의 주체가 살아 있거나 최근에 사망한 경우만 연구 대상으로 삼는 경제학자들에게, 공개되지 않았던 기록들을 볼 수 있게 한다. GE(General Electric)의 공정 거래 제한 행위 등은 반독점 소송이 성공했을 때만 그 실체를 엿볼 수 있지만, 산업조직론을 공부하는 학생은 경영사학자들로부터 담합의 비용과 편익에 대한 정보를 얻어 냄으로써, 담합의 규모에 대한 추정에 통계적인 생기를 불어넣을 수 있다. 연방 상무부, 증권거래위원회, 그리고 회사들의 이기심은 비용, 이윤, 기업의 투자 등에 대한 정보의 일부 조각들을 대중에게 공개한다. 하지만 투자 및 금융에 대해 공부하는 학생은 맥굴드릭(Paul F. McGouldrick)의 "19세기 뉴잉글랜드의 섬유 산업: 이윤과 투자"[70, 1968] 등의 연구에서 더 풍부한 정보를 얻을 수 있다.[13] 은행처럼 지금은 정부의 철저하고 꼼꼼한 통제 아래에 있는 기업들조차, 과거에는 모든 자료를 기밀로 처리할 수 있어서 지금보다 더 솔직하게 기록할 수 있었고, 따라서 요즈음의 자료들보다 더 많은 정보를 갖고 있다[80, Olmstead, 1974].

경제사 연구의 범주에서 벗어나 있었지만 지금은 큰 영향을 미치는 인구통계사는 경제학 연구의 대상으로서 죽음이 얼마나 유용한지에 대한 사례들을 제공한다. 사망, 공증 목록, 그리고 유언장들

13) 라이트(Gavin Wright)는 이 인상적인 연구를 다음과 같이 묘사하고 있다. "오늘날에 이르기까지도 가장 '수직적으로 통합된' 계량적 역사 연구이다. 맥굴드릭은 월담-로웰(Waltham-Lowell) 형태의 섬유 공장들(1936-1986)에 대한 사례를 수집하는 작업에서부터, 자본 스톡, 생산, 생산 능력 등의 측정과 관련한 다양한 개념의 문제를 정리하는 데까지, 그리고 마지막으로 배당과 투자 행위 사이의 회귀 분석에 이르기까지 '생산의 단계' 모두에 직접 참여했다"[132, 1971, p. 440].

에 대한 기록은 사실의 풍부한 보고이다(존스(A. H. Jones)의 [56, 1972] 참조). 한때 살았던 사람들의 수치 역시 마찬가지이다. 예컨대, 영국의 100년 전 자료에 대한 공개 원칙은, 1871년 자료에서 (놀랄 만큼 높은 출산율을 보였던) 탄광촌 또는 (놀랄 만큼 다양한 가족 구조를 보여 주었던) 공업 도시 내의 표본들을, 원한다면 모집단 전체까지도, 면밀히 살펴보는 것을 가능하게 하지만 1971년 자료에서는 그럴 수 없다.[14] 현대의 인구 조사 표본들에서 빠져 있는 가장 중요한 항목은, 이름이 없으면 인구 조사 자료를 다른 기록들과 비교할 수 없기에, 사람의 이름이다. 이러한 사실의 중요성을 제대로 인식하기 위해서는 단지 사람들과 정부는 기록을 남김에 있어, 한때 그랬던 것보다 오늘날 더 체계적이고, 대담 – 누군가는 무례하다 할 수도 있지만 – 하다는 것만 반영하면 된다. 또한 언젠가 미래의 경제사학자가 사람들을 그들의 이름(또는 사회 보장 번호)을 통해 가족, 사업, 국세청, 신용 평가 기관, 학교, 병원, 그리고 법정 등의 기록에서 추적할 수 있다면, 경제 활동에 대한 우리의 이해는, 부드럽게 표현하자면, 증대될 것이다. 인구통계사학자들은 우리가 21세기까지 기다릴 필요가 없다고 생각한다(만일 우리가 기다린다면, 아마도 이동이 편리해지고 전화가 확산됨으로써 문서 기록의 질이 떨어진 데 실망할 것이다). 예컨대, 사람들의 경제학적 활동에 대한 기록들을 확보하는 것이 노동경제학의 몇 가지 문제에 중요하다면, 역사학자들이 세부 사항을

14) 리글리[135, 1972]를 참조할 것. 특히, 가계의 구조에 관한 연구에 영국의 센서스 원자료를 활용한 것은 앤더슨(Michael Anderson)의 논문을 참조할 것.

제공하기 위해 대기하고 있을 것이다. 전후 프랑스 인구통계사학자들의 연구에 기반한, 인구와 사회 구조의 역사 연구를 위한 케임브리지 연구 모임은, 전문 용어로 쓰자면, '이름을 이용한 기록 간 결합'을 16세기까지의 출생, 사망, 결혼 신고 기록에 적용하여 2세기에 걸친 영국의 가족사를 정리하였다.[15] 이러한 종류 중에 지금까지 가장 야심찬 프로젝트는 아마도 몬트리올대학교 학자들이 식민지 시대의 시작부터 프랑스–원주민 간의 전쟁까지 퀘벡 주의 전체 인구를, 놀랄 만큼 완전한 기록들로부터, 그들이 등장하는 자료들을 모두 연결지어 재구성하려 하고 있는 시도일 것이다. 경제학자와 계산기의 시대가 시작되면서, 이러한 통계 자료들은 소득, 사유재산, 사업, 교육 등의 더 넓은 범주의 기록들과 연결되어, JPE나 AER 등의 학술지에 요즘 실리는, 애정을 기울여 연구한 최근 표본들보다 우월한 생활사의 표본을 제공할 수 있다.

인구 조사는, 물론 대규모로 진행되는 설문 조사이며, 필사본이 공개될 때도 – 즉, 인구 조사가 오래되었을 때 – 경제학적 호기심에는 제한이 거의 없다. 예를 들면, 앞서 언급한 파커–갤먼의 연구는 1860년 미국 농업 전수 조사의 필사본들을 인구 조사 결과와 맞추어 보았으며 – 최근에 진행되는 이름이 공개되지 않는 인구 조사로는 불가능하다 –, 농업에 종사하던 사람들의 프로필을 구성했다. 1860

15) 케임브리지 그룹의 저작들은 어떤 것이라도 신노동경제학의 필독 목록에 포함될 만하다. 기술적 분석을 제외한 연구 요약은 리글리[134, 1969]를 참조하고, 그러한 분석에 대한 자세한 내용의 최근 사례는 라슬렛[64, 1972]을 참조.

년의 조사가 대상자들의 부에 대하여 질문했기 때문에 1860년대 부의 분포를 결정하는 요소들에 대해, 현대의 자료들이 제공하지 못하는 수준의 세부 사항까지 검토해 볼 수 있었으며, 솔토우(Lee Soltow)는 현재 이러한 가능성을 개척하고 있다[106, 1975]. 랜섬(Roger Ransom)과 서치(Richard Sutch)는 현대의 자료로 가능한 수준보다 더 직접적으로 인종 차별에 대한 주제를 다루기 위해, 1880년 인구 조사의 필사본으로부터 남부의 5,823개 무작위 표본 농장의 세부 사항을 추출할 수 있었다[89, 4번째]. 이러한 풍부하고 다양한 사실들과 비교해 볼 때 경제학자들이 통상적 데이터를 찾는 상점은 한심할 정도로 얇아 보인다.

이러한 역사적 사실들의 오차는 심지어 현대의 자료들보다 딱히 크지도 않다. 역사적 통계 자료들이 더 큰 오차를 지닌다는 생각은 현대 통계 자료의 질을 과대평가하고, 역사적인 통계 자료의 질을 과소평가한다는 두 가지 측면에서 순진하다고밖에 할 수 없다. 예컨대, 지난 20년간 미국의 물가에 대한 자신의 자료가, 조사 대상이었던 상품의 질이 좋아졌거나, 표시 가격이 실거래가와 잘 맞지 않다거나, 표본의 정의나 상관관계가 의심스럽다거나, 사용된 가격 지표가 관념적인 정의와 잘 맞지 않는다는 등의 이유로 인해 정확히 알 수조차 없을 정도의 오류를 갖고 있음을 경제학자들은 인정할 수밖에 없을 것이다. 또한 그는 이러한 오류들이 상품 가격들을 독립 변수로 하는 그의 다변수 회귀 분석에 알 수 없는 방향으로의 편향을 가져온다는 것도 인정할 수밖에 없다. 그는 어찌되었든, 그의 자료들은 얻을 수 있는 한도 내에서 최상의 자료였고, 그의 추정치들은 어떤 경우에도 일관성이 있다는, 잘못된 설명을 통해 스스로를 위로하며 회귀 분석을 실행할 것이다.

동료 역사학자들로부터는 역사학에서 통계적인 설명이 설득력을 갖는지, 동료 경제학자들로부터는 역사적 통계 자료들이 믿을 만한 것인지에 대해, 양쪽 모두로부터 의심을 받고 있는 경제사학자들은 그렇게 대충 넘어갈 수 없다. 그들은 사실, 경제학의 다른 분야들, 또는 더 넓은 학문 분야들에서 사용되는, 창의적으로 스스로를 의심하는 기술을 개발하였다. 스스로의 자료에서 나타날 수 있는 오류나 분석 과정에서 가정을 할 때 저지를 수 있는 실수에 대해 민감하게 점검하는 습관은 과학자들과 역사학자들 사이에서는 널리 퍼져 있지만, 경제학자들에게는 그렇지 않다. 물론 다수의 경제학자들은 '자료'의 취약점을 잘 이해하고 있으며, 이러한 이해에 기반하여 행동한다. NBER의 연구자들과 조사국 밖의, 더 조심스러운, 경험적 연구자들의 전통인, 자료의 사용자들이 읽기를 바라면서(많은 경우에 헛된 희망으로 끝나지만), 자료가 어떻게 수집되고 분석되었으며, 그것들이 어떠한 부분에서 잘못될 수 있는지를 완전히 묘사하는 행위는 역사기록학적 전통과 부합한다. 피쉬로의 『미국 철도와 남북전쟁 전 미국 경제의 변화』(*American Railroads and the Transformation of the Ante-Bellum Economy*)의 서문에서, 알렉산더 거셴크론은 "그의 연구에 대한 완전한 통찰력을 제공하고, 이것 없이는 연구의 중요성이나 자료 해석의 타당성이 인정받지 못하는 통계 자료

부록들[27, Fishlow, 1965, p. viii]"에 대한 특별한 관심을 이끌어 낸다. 그럼에도 불구하고 일반적인 주요 경제학 학술지들에서, 로버트 J. 고든의 "미국 민간 투자 450억 달러가 잘못 투자되었다"($45 Billion of U.S. Private Investment Has Been Mislaid)와 같은, 사실에 대한 수정주의 논문들을 출판하는 일이 드문 것은, 경제학자들이 그러한 논문을 잘 쓰지 않기 때문일 것이다[39, 1969].[16] 그릴리치(Zvi Griliches)는 많은 경제학자들이 자료의 출처와 오류에 대해 무관심한 이유를 지적하였다[42, 1974, p. 973].

> 내 생각에, 문제의 대부분은 경제학 내에서 자료를 만드는 사람과 자료를 분석하는 사람이 분리되어 있기 때문에 발생한다. 대체로 우리는 스스로 자료를 생산하지 않고, 그렇기 때문에 그에 대한 책임을 느끼지 않는 것이다.[17]

그들 스스로 필요한 자료를 수집하고, 경제학자의 태도보다는 역사학자의 태도에 고취되어 자료를 다루는 경제사학자들에게서 이러

16) 미 상무부의 재스지(George Jaszi)가 고든이 새로운 것을 찾아낸 바가 없었다고 주장할 수 있었던 것은 다른 점을 시사한다: 비록 그것이 매우 중요한 세부 사항일지라도 데이터의 세세한 부분은 경제학자들에게는 별 관심거리가 되지 못한다[55, 1970]. 재스지에 대한 반론에서, 고든은 "경제학자들, 특히 생산 함수를 다루는 학자들은 정부가 소유하고 있지만 민간이 운용해 온 자본이라는 부분에 대해 여전히 무지하다"는 점을 지적했다. 이 말이 맞는 것 같다.

17) 여기에 그릴리치의 생각을 인용하기는 했지만, 그가 언급한 연구들이 재측정을 통해 오류를 수정하려는 노력을 하지 않고, 앞서 인용했던 레온티에프의 신랄한 표현처럼, "아무리 지루하더라도, 한 세트의 데이터로부터 모르는 파라미터를 하나 더 쥐어짜듯 추정하는 것을 가능하게 하는 새로운 통계적 기법을 고안하는 데에만 몰두했다"는 점을 덧붙이면 점잖지 못한 일이 될지도 모르겠다[66, 1971, p. 3].

한 문제는 가장 확실하게 해결된다. 포겔의 "철도와 미국 경제 성장(Railroads and American Economic Growth)"[28, 1964]은 아마도 지금까지 중 가장 완벽한 사례일 것이다.[18] 어떤 문제에 대해 창의적으로 의구심을 제기하는, 경제사 연구와 사업 평가 분야의 전통에 따라 포겔은 260쪽에 걸친 저술을 통해, 19세기 미국 철도에 대한 투자의 비용-편익 분석에서 편익을 나타내는 단 하나의 숫자를 만들어 내는 데 초점을 맞추었다. 포겔은 이 연구를 통해 앞선 연구들의(예컨대, 슘페터나 로스토의) 기저를 이루는 철도의 필요불가결성 가정을 확인할 수 있다고 믿으며 시작했지만, 놀랍게도 실제 사실들은 그러한 가정을 의심하게 만든다는 사실을 발견했다. 이러한 의심을 확인해 보기 위해 그는 철도가 국민 소득에 미치는 영향의 최대치를 추정했는데, 추정치가 매우 낮게 나옴으로써 그는 철도가 미국의 경제 성장에 필수불가결했다는 주장은 사실과 거리가 먼 것으로 결론지었다. 역사적 사실들은 최근의 사실들보다 경제학자의 목적을 달성하는 데 더 유용하다: 그것들은 종종 더 자세하고, 규모가 크며, 정확하고, 자료에 있는 오류는 충분히 주의깊게 다루어질 수 있다.

하지만, 물론 역사적 사실들이 더 나은 이유는 더 존재한다. 역사는 실험을 진행하기도 한다. 역사는 경제학자들에게 풍부하고 정확한 사실들을 제공할 뿐만 아니라 다양한 사실들을 제공한다. 이

18) 포겔의 계산은 1890년에 대한 것이었다. 피쉬로의 미국 철도에 관한 연구도 19세기 초에 대한 비슷한 연구이다[27, 1965]. 이들 두 연구는 미국의 성장에서 수송 수단이 했던 역할에 대한 찬란한 재해석을 담고 있고, 그 공로로 이들은 1971년 슘페터상을 수상했다. 포겔의 경험에 대한 언급은 그와 나눈 대화에 근거한 것임을 밝혀 둔다.

러한 점을 보여 주는 소름 돋는 사례는, 슐츠가 노동의 한계 생산이 양수였으며 임금과 유사한 변화를 보인다는 점을 주장하기 위해 1918년에서 1919년까지 인도에서 인플루엔자가 유행하던 시기의 인구와 농업 산출량 자료를 이용한 것이다. 노동 인구가 감소하면서 산출량은 감소하였다. 이는 노동이, 많은 경제 성장에 대한, 특히 인도의 경제 성장에 대한, 연구에서 가정하는 것과는 반대로 '과잉 공급' 상태가 아니었다는 것을 보여 준다[10, 1964, pp. 63-70]. 비슷하게 음울한 실험이었던 대공황은, 통화주의자, 재정주의자, 그리고 다른 이들이 가끔 깨달았듯이, 오랫동안 종합적인 경제학 이론들의 시험대가 될 것이다. 통화 정책의 위험성에 대한 인식은 프리드먼과 슈워츠에 의해 크게 높아졌는데, 이들은 통화 정책이 대공황에 영향을 미치지 못한 것이 아니라 1930년대에 엄청나게 잘못 실행되었다고 주장했다. 마찬가지로, 재정 정책의 실효성에 대한 평가는 재정 정책은 실패한 것이 아니라 시도된 일조차 없다는 브라운의 주장에 의해 크게 높아졌다[8, 1956](L. C. Peppers[85, 1973]도 참조).

모든 경제학자들은 때때로 자신이 원하는 실험이 역사를 통해 수행된 일이 있었음을 알고 있다. 그들은 또한 경제학이, 자료와 대조군을 수집하고 이용한다는 점에서, 천문학과 같은 관측적인 학문임을 깨달을 것이다. 그럼에도 불구하고 그들은 두 가지 이유로 스스로의 망원경을(드물게 천문대에 가 있는 동안) 태양, 달, 그리고 가까운 행성들에만 고정시킨다. 첫째는 그가 지구에서 가까운 이런 대상들이야말로 지구가 어떻게 행동할지에 대한 통찰을 줄 수 있다고 믿기 때문이며, 둘째는 가까운 태양계를, 은하는 말할 것도 없이, 넘어서서 관찰하는 것은 친숙한 법칙들이(예를 들어, 6개의 행성이 있다거나, 별은 커다란 구에 고정되어 있는 작은 점이라거나, 빛은 직선으로만 움직인다는 법칙들) 적용되지 않는 다른 구조를 관찰하는 것이라고 믿기 때문이다. 역사가 공공 정책과 관련이 없다는 믿음에 대해서는 아래에서 검토해 볼 것이며, 그 믿음이 틀렸다는 것을 보일 것이다. 역사적 자료들이 전후 분기별 국민 소득 수치와는 다른 구조에서 만들어진 것이기 때문에 무시해야 한다는 믿음은 밋밋하기 그지없다. 이러한 주장을 단지 그들이 해야 할 경험적 연구의 분량을 제한하기 위해 받아들이는 사람들에 대해서는, 그냥 한숨을 쉬고 학문을 진지하게 받아들이는 학자들에게로 등을 돌릴 수밖에 없다. 이 순진한(멍청한) 사람들은 언제나, '경험적 연구'란 그저 "대통령 경제 교서"나, 존스턴의 『계량경제학 방법론』 등의 부록을 짜깁기하는 것이라고 생각할 것이다. 진지하고 교양 있는 경제학자들조차 시험도 해보지 않고 과거는 지금과 다른 구조로 이루어져 있다는 가정을 받아들이기 쉽다. 계량경제사학자들은, 그러한 가정을 당연하게 생각하는 경제학자들과 역사학자들 모두로부터, 언제나 그 가정을 검사해 볼 것을 강요당해 왔다. 지난 15년간 신경제사학의 발견들을 한 문장으로 요약하면 다음과 같을 것이다: 18세기와 19세기의 사람들은 경매인과 완전 시장을 꿈꾸는 경제학자들이 원하는 정도로 명석하고 경쟁적인 방식으로 이익을 추구했다. 물론, 레닌과 베블렌을 따라서, 스미스나 밀의 시대에 있었던 개별 요소들로 이루어진 경쟁은 끝났으며, 경쟁적인 행위에 대한 단순한 모형은 19세기에는 몰라도 20세기에는 적용될 수 없다고 주장하는 것은 자유이다. 하지만 이러한 변종 주장은 그저 논지를[18-19세기의 사람들도 지금과 똑같이 경쟁했다는] 강화할 뿐이다. 그 주장이, 지난 50년간의 정치경제학 연구에 중요한 역할을 했음에도 불구하고, 애초에 그것을 믿지 않던 사람을 설득할 정도로 검증된 적이 없기 때문이다. 특정한 실험에 대해서(예컨대, 정부 지출이 고용에 미친 영향) 19세기의 환경이 1970년의 환경과는 너무 달라서 비교를 하더라도 현재의 사회 구조에 대해 거의 알려 주는 것이 없다는 점을 증명할 수 있다 하더라도, 자주 맥빠지게 하고, 가끔씩은 웃기기까지 한, 대규모 계량경제학 모형이 보여 주듯이, 사회 구조가 계속해서 바뀌어 왔다는 사실은 변하지 않는다. 다른 나라들과 문화에 대한 연구와 마찬가지로, 역사는 사회 구조의 변화에 대한 교육이다. 흔히 전쟁의 시기를 구조적인 예외로 취급해 회귀 분석에서 아예 빼버리는 경우가 많다. 하지만 전쟁들은 계속해서 발생하며, 비록 그의 학문적 관심사가 오늘날의 공공 정책에 국한되더라도, 경제학자는 마땅히 전쟁으로 한 사회의 경제가 어떻게 변화하는지 이해해야 한다(사례들은 고든과 월튼의 연구[38, 1974], 올슨[81, 1963] 참조). 데이비드는 비슷한 논지를 다음과 같이 기술하였다[15, 1975, p. 14]:

> 이용 가능한 시계열 자료의 절반에는 들어맞지만 나머지에는 맞지 않는 방정식을 평범한 응용경제학자들은 실패로 간주한다. 그는 결과를

보여 줄 때 맞지 않는 부분의 자료를 빼버리고 싶은 욕구를 참아야 할 것이다. 반면에 … 경제사학자는 절반은 실패한 이 회귀 방정식을 대성공이라고 찬양할 것이다 – 경제 구조의 변화가 발생했음을 발견했고, 이는 역사적으로 어떤 일이 발생했는지 연구하라는 신호를 보내 주는 것이기 때문이다.

어떤 경우에도, 시계(視界)를 가까운 대상으로만 한정짓는 것은, 천문학에서와 마찬가지로, 경제학에서도 이상한 일이다. 최근의 경험에 기반하여 틀을 잡을 수 있는, 대부분의 실험보다 더 크고, 명확하고, 결정적인 역사적 실험들은 원하는 대로 생성될 수 있다. 지난 20년간 이민의 문제로 각국 정부가 긴장해 왔다지만 이는 19세기의 이민에 비하면 보잘것 없을 뿐이다.[19] 국가 간 자본의 이동 역시 그렇다. 해외 투자가 투자를 한 나라들과 받은 나라들에 미친 영향을 측정하고 싶다면 19세기 후반 영국, 프랑스, 아르헨티나, 그리고 캐나다에서 있었던 경험이 가장 적절한 사례들일 것이다.[20] 1870년부터 1913년까지 영국은 국내 저축의 1/3 이상을 해외로 보냈다. 정부 부채가 부담스러웠는지 아닌지 영향을 알고 싶다면, 나폴레옹 전쟁으로 인한 영국의 국가 부채나 남북 전쟁으로 인한 미국 정부의 부

19) 이에 대해서는 경제사학자들의 방대한 연구가 있다: 토머스[114, 1954], 이스털린[22, 1961] 외에 다수 있고, 또한 힐[52, 1970], 닐과 유슬딩[75, 1972], 그리고 켈리[58, 1965] 등의 연구를 꼽을 수 있다.

20) 에델슈타인[24, 1974]과 그의 책에 인용된 내용을 참조할 것. 자본 수입국의 경우에 대한 가장 뛰어난 연구는 바이너[120, 1924]를 들 수 있다. 하버드의 토식국제금융대학에서 1920년대와 30년대에 출간된 책들도 역시 매우 역사적으로 풍부한 내용을 담고 있다: 윌리엄스[128, 1920], 화이트[126, 1933], 그리고 비치[4, 1935]. 토식 자신도 젊은 시절에 역사에 관한 저작을 남기기도 했다[101, 1888].

채가 가장 확실한 실험일 것이다. 다른 무엇보다도 귀찮게 하는 내국세 입법이 현재의 혼란스러운 상태가 되기 전이기 때문이다(미국의 사례는 윌리엄슨[130, 1974] 참조). 1820년대의 영국 정부 부채는, 현재의 미국 국가 부채 비율과 비슷한, 국민 소득의 약 2.5배에 이르렀다.[21)] 법적 변화의 파급력을 측정하고 싶다면, 19세기와 그 이전의 법인, 학교 출석, 아동 노동 등에 대한 법과 관련된 경험이 크고 다양한 실험의 장을 제공할 것이다[109, Sylla, 1969; 63, Landes and Solmon, 1972; 124, West, 1975; 99, Sanderson, 1974]. 마찬가지로 변동 환율제의 영향을 측정하고 싶다면, 1860년대와 1870년대의 미국, 1914년부터 1925년 사이의 영국, 또는 1930년대 중국의 경험들이 그러할 것이다. 남북전쟁 전 미국 같은 자유 은행 시내의 자료에서는 은행의 자유로운 시장 진입이 불러온 결과를 검토할 수 있으며[92, Rockoff, 1974], 남북전쟁기 미국같이 전쟁과 그로 인한 규제가 없는 자본 시장의 시기 자료에서는 일어나는 사건에 대한 시대의 반응성을 측정할수 있고[94, Roll, 1972], 남북 전쟁 이후 미국처럼 공공 위생에 대한

21) 여기에는 (펠드스타인[26, 1974, p. 915, col. 3]이 추정한 바와 같이) 사회보장세의 현재 가치의 합으로 계산되는 총사회보장부(gross social security wealth)라는 개념도 포함시켜야 한다. 1971년 미국의 국민 총생산(GNP)은 1조 달러 수준이었고, 정부의 총부채 4,000억 달러에 펠드스타인이 추정한 총사회보장부 2조 달러를 합하면 그 비율은 2.4가 된다. 1821년 영국(United Kingdom, UK)의 GNP는 3억 4,000만 파운드 규모(딘과 콜[19, 1962]의 영국(Great Britain, GB)에 대한 추정치에다가 아일랜드의 1인당 GNP를 GB의 3분의 2로 계산해서 더해 준 추정치)영국에 대한 명칭은 England에 웨일즈와 스코틀랜드를 합해서 Great Britain으로 부르고, 여기에 아일랜드를 더해서 United Kingdom이라고 함.이고, 정부의 부채는 장기 공채와 일시 차입을 합해 8억 4,000만 파운드 규모[73, Mitchell, 1962, pp. 8, 366, 402]로 그 비율은 약 2.5가 된다. 1821년 영국(UK)의 GNP 대비 이자 지급 비율은 9%로, 1971년 미국에서 이자, 소득 보장, 그리고 퇴역 군인에 대한 연금 및 서비스 등에 지출된 금액이 GNP에서 차지하는 비중 8%와 거의 같다[73, Mitchell, 1962, p. 396; 119, *Economic Report of the President*, 1975, p. 325]. 이러한 비교는 지방 정부의 채무와 무이자 채무를 포함시키면 더욱 정확해질 수 있을 것이다.

대규모 투자가 이루어진 시기의 자료에서는 보건의 가치를 측정할 수 있다[71, Meeker, 1972; 72, 1974]. 역사는 사회의 실험실이다.

3) 보다 나은 경제 이론

이 실험실에서 만들어진 것들은 많은 경제학자들조차 깨닫지 못하는 방식으로 경제 사상에 영향을 준다. 오늘 날짜 신문의 1면 머리기사는 확실히 영향력이 있다. 곧바로 그 기사와 관련하여 연구 자금이라도 지원된다면 더욱 그럴 것이다. 그러나 역사적으로 밝혀진 사실들은, 사실이건 아니건 간에, 머리기사에 대한 반응의 바탕에 깔려 있기 마련이다. 최근 들어 계량사학자들에 의해 잘못된 것으로 밝혀진 바 있는 영향력 있는 역사적 사실을 꼽아 보자면, 1인당 자본 스톡의 증가가 1인당 소득의 증가를 거의 설명하지 못한다는 연구 결과는 기술 변화를 수반한 성장 모형에 관한 1950년대 말의 폭발적인 연구를 이끌어 냈다. 저축률이 장기간에 걸쳐 일정하다는 경제사 연구는 1950년대 초 소비 함수에 관한, 상대적으로 소형의 연구 폭발을 일으켰다. 소득에서 노동의 몫이 일정해 왔다는 경제사의 연구 결과는 1930년대 생산 함수와 관련한 이론에 있어서 또 다른 연구 폭발을 일으켰다. 경제 이론이 역사의 서술에 미치는 영향은 신경제사학의 모든 연구에서 분명하게 나타난다. 그러나 경제사가 경제 이론의 서술에 미치는 영향은 몇몇의 저작에 그치고, 그나마도 후속 작업에는 등장하지도 않는다. 솔로, 프리드먼 혹은 더글러스 등의 저작에서 이론적 예치금에 대한 역사적 준비금의 비율은 매우 높았지만, 그들의 고객들은 그렇지 못했고, 그 결과 지적 통화 공급은 사실적 근거들만 확대 재생산하는 것에 그쳤으며, 그나마도 들쭉날쭉해 왔다. 론도 캐머런은 이런 점을 잘 지적하고 있다:

> 경제사 연구에 있어서 이론의 역할에 관한 분석적 토론을 보면 역사학자들은 불가피하게 어떤 선험적 사고에 의해 좌우될 것이라는 주장이 (아마도 그게 맞는 말이기 때문에) 종종 제기되고는 한다. 따라서 가능하다면 이러한 사고는 명시적이면서 시스템화되는 것이 바람직하다. 바꿔 말하면 필요한 것은 이론과 이론이 아닌 것 사이의 선택이 아니라 명시적이고 의식적으로 형성된 이론과 암묵적이고 무의식적인 이론하 사이의 선택인 것이다. 이론가들에 의해 역사가 이용되는 경우에도 똑같은 논리를 적용할 수 있다. 가장 냉소적이고 몰역시적 경제학자라 하더라도 역사를 어느 정도는 이용한다: 자신의 경험, 그 세대의 경험, 아니면 매우 복잡다단한 사회에서도 늘 떠돌기 마련인 느슨한 역사적 일반화를 이용하는 것이다.[9, 1965, p. 112; cf. 74, Mitchell, 1927, p. 59]

이와 관련하여 가장 명백한 경우가 경제 성장론이다. 경제 성장론에서는 일단의 특정한 역사적 주장들이 이론의 핵심을 차지하고 있다. 1958년 니컬러스 칼도가 '정형화된 사실들'(stylized facts)이라는 다소 방어적인 용도로 사용함으로써 널리 알려진 이러한 주장들은, 한때 지식 사회의 접착제(intellectual putty)였으나 지금은 진흙에 불과한 1950년대에 개발된 논리였다. 그러나 지금은 신경제사학자들의 진지한 노력에 의해 정형화되지 못한 사실들(unstylized facts)로 판명되기 시작했다. 그들의 작업이 자본/산출 비율, 이윤율, 혹은 일인당 산출 증가율과 자본 스톡이 항상 일정했다는 것을 확인해 줄 수 있는지는 적어도 불분명하다. 솔로가 경제 성장의 정상 상태(steady state)에서 이러한 요소들의 사실적 적합성에 관한 간결한 질문의 답변에서 결론내린 바와 같이, "정상 상태는 성장 이론을 시작하기에 부적합한 곳은 아닐지라도, 이론이 끝을 맺기에는 위험한 곳일지 모른다"[105, 1970, p. 7]. 지난 20여 년간 경제학자들의 연구를 역사적으로 살펴보면, 성장 이론가들은 … 예를 들어 19세기 후반, 미국의 자본/산출 비율은 두 배 가량 증가한 반면 영국에서는 3분의 1이 줄었다. 20세기 초반에는 미국의 경우 22%가 줄어든 반면 영국에서는 대체로 일정한 수준을 유지했다.[22) '자본'에 숙련된 인적 자본을 포함시키고 '산출'에 가사 노동에 의한 생산을 포함시키는 포괄적 정의

22) 영국(UK)에서 이 비율은 1855, 1900, 1958년에, 감가상각을 제외한 고정 재생 가능 자본이 국내 순생산에서 차지하는 비중이다(파인슈타인의 〈표 43〉과 〈표 20〉을 참조하라. 단, 〈표 1〉에 근거한 자본 소비를 감안할 것[25, 1972].); 미국의 경우 이 비율은 1844-1853, 1894-1903, 1958년의 감가상각 자본의 국내 순생산에서 차지하는 비중이다(데이비스 외[18, 1972]에 나오는 갤먼의 〈표 2.9〉). 이들 숫자가 등장하는 두 책은 마침맞게도 신경제사학을 고무하는 사회적 관측소 같은 역할을 보여 주고 있다; 파인슈타인의 저서는 전영경제사회연구소(National Institute of Economic and Social Research, 미국 NBER에 해당되는 영국의 연구 기관)와 케임브리지대학의 응용경제학과의 공동 후원 하에 출간된 시리즈물 중의 하나이다(파인슈타인과 매튜에 의한 해설판이 곧 출간될 예정이다); 데이비스 외[18, 1972]의 저자 12명 가운데 8명은 NBER에 근무한 경력이 있고, 이 책도 저자들 자신과 NBER의 다른 학자들(대표적으로는 쿠즈네츠)이 갖고 있던 미국 경제 성장과 관련한 오랜 문제 의식에 대한 해설 요약집에 해당된다.

를 적용한다면 결과는 달라질지 모른다. 협의와 광의의 개념들 사이의 관계가 심하게 변해 온 역사를 목도한 경제사학자들은 습관적으로 이러한 종류의 순화 과정을 생각하지 않을 수 없게 된다. 순화되었든 아니든 그들에 의해 경제 성장의 연구를 위해 축적된 사실들은 다시 한 번 들여다볼 가치가 있다. 이는 아마도 근대 성장 이론의 보석이자 골칫덩이인 기술 변화와 관련하여 가장 분명하다. 넬슨(R. R. Nelson)과 윈터(S. G. Winter)가 최근 들어 강조했듯이[76, 1974], 데이비드, 테민, 그리고 로젠버그와 같은 기술경제사학자들은 경제 이론가들에게 할 말이 많을 것 같은데, 이론가들은 다른 데 정신이 팔려 있다(예를 들면, 로젠버그[95. 1972], 혹은 데이비드[15, 1975]를 참조).

물론 물역시(pseudo-history)의 죄악은 경제 성장을 수리적으로 다루는 이론가에게만 한정되지는 않는다. 방정식이 아니라 말로 한다고 해도, 그리고 그것이 역사의 경험에 대해 아무리 호소력이 있다고 해도 느슨한 이론가들을 일관성 없음의 오류로부터 보호할 수 있는 것은 아무 것도 없다. 몇몇의 경우만 예를 들어 보면, 리카도의 지대 상승의 개념, 마르크스가 주장한 공업 프롤레타리아트의 궁핍화 개념, 레닌이 주장한 제국주의로부터의 이윤이라는 개념, 로버트슨의 성장 엔진으로서의 대외 무역의 개념, 이니스의 1차 상품(staple products)이 성장의 중심이라는 개념, 루이스의 무한 노동 공급하에서의 경제 발전이라는 개념, 그리고 로스토가 주장한 위대한 발명과 저축률의 급격한 증가에 의해 가능한 이륙(take-off)의 개념 등은 역사적 사실에 의해 제대로 검증되지 못했다.[23] 물론 그렇다고 해서 이론가들이 칠판과 타이프라이터를 버리고 가까운 기록 보관소에 처박혀 있어야 한다는 의미는 아니다. 필요할 때마다 도서관에 가는 것만으로도 도움이 될 것이다. 그리고 역사적 경험을 몇 가지 정형화된 사실로 요약하는 자신들의 잘못된 능력을 반성해야 한다.

역사가 이론에 공헌하는 바는 이론가의 방앗간에 역사적 사실이라는 곡물을 공급하는 데 국한된 것이 아니다. 경제사에서 이론을 활용함으로써 이론은 빛나고, 테스트의 과정을 거치게 된다. 이런 점에서 경제사는 다른 응용 경제의 분야와 다를 바가 없다. 19세기 미국의 실효보호율을 측정하는 데 투입 산출 모형을 적용한 것은, 이 이론이 오늘날 파키스탄의 실효보호율을 측정하는 데 적용된 것과 똑같은 방식으로 그 유용성을 테스트할 수 있다[127, Whitney, 1968; 43, Guisinger, 1970]. 농업경제학자라면 적어도 미국의 조선 공업이나, 면직물 공업, 혹은 철강 공업의 성장을 연구하면서 단순한 수요 공급 모형을 적용하는 데 있어서 별다른 문제를 느끼지 못할 것이며, 깊이 있는 분석을 할 수 있다는 점에도 그다지 놀라지 않을 것이다.[24] 국제 무역이나 거시경제학, 혹은 노동경제학을 공부한 사람이라면 2부문 일반 균형 모형을 미국의 남북 전쟁 전후의 경제 혹

23) 다음 순서대로 린더트[68, 1974]; 하트웰[46, 1970]; 토머스[115, 1968]; 크라비스[62, 1970]; 챔버스와 고든[11, 1966]; 켈리, 윌리엄슨과 치덤[59, 1972]; 그리고 로스토 편[97, 1963]을 참조하라. 19세기 미국의 철도에 관한 피쉬로와 포겔의 저작은 미국 성장에서 철도가 중요한 혁신으로서의 역할을 했다는 로스토의 거대 담론에 의해 촉발된 것이었다.

24) 할리[45, 1973]; 제빈[138, 1971]; 포겔과 엥거만[30, 1971]에 재수록된 포겔과 엥거만[29, 1969] 등을 참조하라. 이 책[30, 1971]은 마침 테민[112, 1973]과 함께 신경제사학자에 의한 미국 연구 가운데 수작이라고 할 만하다.

은 영국의 나폴레옹 전쟁 기간 중의 경제 분석에 적용하거나,[25] 통화와 물가의 모형을 19세기 영국과 미국의 경기 변동을 분석하는데 적용하거나[113, Temin, 1974], 한계 생산성 모형을 노예제나 남북전쟁 이후의 소작제에 대한 분석에 적용하더라도 전혀 낯선 느낌을 받지 않을 것이다.[26] 연구자는 오히려 20세기 중반 이후 완성된 틀을 가지고 그렇게 먼 시기의 이슈들을 다룰 수 있다는 점에 다소 놀라거나, 더 나아가 경제적 사고로부터 오랫동안 형성되어 온 이슈들이 다시 자신을 다루게 되는 기교에 경탄할지도 모르겠다. 그러나 연구자는 대체로 좋은 경제사란 단순히 좋은 응용경제학이라는 생각을 갖게 될 것이다.

좋은 경제사는 역시 좋은 역사이어야 하기 때문에 중요한 의미에서 그의 생각은 옳지 않을 수도 있다는 점을 첨언해서 지적해 두지 않을 수 없다. 이런 요구 때문에 경제사를 하기가 극도로 어려운 것이다. 통계학을 완벽하게 소화할 수 있어야 하는 계량경제학이나, 수학을 마스터해야 하는 수리경제학에 버금가는 어려움이라고 할 수 있다.[27] 사실 일부 신경제사학자들은 경제사학은 생산 이론

25) 포프[87, 1972]; 파셀과 라이트[84, 1972]; 파셀과 슈문트[83, 1971]; 휴클[53, 1973]; 그리고 이들과 함께 역대 최고의 연구라 할 만한 윌리엄슨[130, 1974]을 참조하라. 계량사학자들은 비선형 일반 균형 모형을 실증 분석에 사용해 온 몇 안 되는 경제학자들이다.

26) 골딘[36, 1973; 37, 1976]과 포겔과 엥거만[31, 1974]은 콘래드와 마이어[13, 1958]의 초기 연구로부터 노예제에 관한 대규모 연구를 이끌어 낸 최근의 사례이다. 레이드 주니어[91, 1973]의 소작에 관한 연구로부터도 힉스[51, 1974], 디카니오[20, 1974], 그리고 랜섬과 서치[89, 근간] 등 많은 계량사학자들이 대량의 연구를 끌어낸 똑같은 사례라고 할 수 있다.

27) 어떤 경제사학자든 동료 경제학자로부터 자신도 역시 경제사학자라고 주장하는 것을 본 경험이 있다. 자신들도 1929년까지 거슬러 올라가면서 회귀 분석을 해본 적이 있다는 것을 내세우는 것이다. 이것은 방정식 몇 개 사용했다고 수리경제학을 전공한 동료 경제학자에게 나도 수리경제학자라고 주장하는 것과 똑같은 것이다.

이나 계량경제학을 역사 속에서 일어났던 다소 희미한 개념들에 적용해야 하는 것으로 믿고 있다. 마치 이론 경제학자들이, 경제적 사고란 라그랑지 승수 혹은 최적화 이론을 극대화되어야 하는 다소 희미한 개념에 적용해야 하는 것으로 믿는 것처럼 말이다. 그러나 최고의 경제학자가 응용수학자인 동시에 사회 과학자가 되어야 하는 것처럼 최상의 신경제사학자는 경제학자인 동시에 역사학자가 되어야 한다.

그러나 경제적 복잡성과 구별되는 것으로서의 역사적 복잡성이 크게 요구되지 않는 1950년대 말의 경제사를 재구성하는 경우에도, 그 안에 근대 경제 이론의 힘을 잘 표출시킨 것은 대단한 성과가 아닐 수 없었다. 이는 지난 10년간1966-1976 정치경제학, 소유권의 경제학, 노동 시장, 그리고 가계의 경제학이 섞이며 재구성된 것에 비견될 만하다고 하겠다. 당분간 신경제사학자들은 새로운 노동경제학자들이나 다른 분야의 경제학자들처럼 이러한 지적 중재 통합에 더 많은 시간을 할애해야 할 것이다. 그러나 경제사의 이론적 보상은 더 크다. 경제학이 새로운 주제로 영역을 넓히게 되면 기존의 이론으로는 다룰 수 없는 질문들이 등장하게 되고, 이를 해결하기 위해서는 새로운 이론이 만들어져야 한다. 이러한 점에서 경제사학자들은 그 동안 과감했었다. 이러한 이론적 과감함은 세상의 부조리 때문에 가능한 측면이 있다: 학술 연구의 주된 목표가 잘 알려진 (그러나 아직 논리가 완성되지 않은) 경제 사상을 시험하는 것이기보다는, 과거의 혹은 현재의 어떤 행동을 이해하는 것일 때, 연구자는 경제학의 추기경으로부터 허락을 받았든 받지 않았든, 가능한 모든 곳으로부터 통찰력을 얻으려고 한다.[28] 그것은 역사경제학자들이 또 다른 지주로 삼고 있는 역사와의 매우 긴밀한 접촉으로부터 얻어지기도 한다. 그들은 역사학자들의 지적 가치를 내면화해 왔는데, 그 정도는 사회경제학자들이 사회학자들의 가치를 내면화하는 것보다, 법경제학자들이 법률가들의 가치를 내면화하는 것보다 훨씬 강해서, 결과적으로 경제학에서 바로 답하지 못하는 문제들에 더 많이 직면하는 독특한 경향을 보여 왔다. 이러한 문제의 예 중 하나로 왜 정치적이고 사회적인 혁명이 발생하는가 하는 질문을 생각해 볼 수 있는데, 사람들의 일반적인 생각과는 달리 정치학자들이나 사회학자들은 이와 같은 질문을 요리조리 피해 가려 한다. 하지만, 앞뒤가 일관된 역사를 서술하고자 하는 역사가는 아무리 그러고 싶어도 이 물음을 피해 갈 수 없다. 왜냐하면 미국 혁명이나 남북 전쟁과 같은 혁명이란 변화의 내용이며, 역사의 내용을 변화시키기 때문이다.[29] 이러한 이유로 많은 수의 신경제사학자들은 미국 혁명과 남

28) 좋은 예는 윌리엄슨[129, 1964], 특히 5장이다. 19세기 미국의 국제 수지를 설명하면서 통상적 이론을 적용하는 데 실패하게 되자, 윌리엄슨은 마침내 오늘날 통화 이론으로 알려진 논리를 개발해 냈는데, 몇 년 후 이는 실제 이론으로 발전하게 되었다. 웨일(P. B. Whale)도 마찬가지로 역사적 문제로부터 출발하여 1937년 이론을 만들어 낸 적이 있다[125, 1937].

29) 데이비스, 이스털린, 파커 등이 총서로 만들었기 때문에, 계량경제사학자들의 다양한 연구들을 정말로 잘 요약해 놓았다는 점에서 전문성의 이득을 본 대신 일관성은 희생되었다[18, 1972]. 경제 혁명에 초점을 맞춤으로써(이 책의 부제는 "경제학자의 미국사"(An Economist' s History of the United States)이다) 신경제사학이 정치사에 기여한 점을 간과할 수밖에 없었다. 이 책의 인덱스를 살펴보면 미국 혁명, 잭슨과 2차은행잭슨 대통령이 The Bank of the United States(BUS)라는 당시 국법은행의 허가 연장을 비토한 것을 말함. BUS는 1791년에 처음 설립되었고, 없어졌다가 1817년에 20년 기간의 허가를 받아 2차로 설립되었으나 잭슨 대통령의 비토로 허가 연장에 실패해 또 다시 없어졌음, 관세, 노예제, 남북 전쟁, 은화의 무제한 주조 등은 다 합쳐서 20쪽에 불과해 '운하'라는 단일 항목보다 적다.

북 전쟁의 원인에 대한 연구에 집중하고 있으며, 이들의 접근 방법은 (비교 우위가 지배하는 대로) 합리적이고 잘 알려진 것으로서의 자기 이해라는 경제학의 특징적 가정에 따라 원인을 분석하는 것이었다. 비록 대단한 것은 아니지만, 신경제사학은 항해법의 경제적 부담을 측정하고, 그 부담이 크지 않았다는 점을 밝힘으로써 미국 혁명을 조금 더 잘 이해하는 데 기여했다(P. D. McClelland [69, 1969]와 인용된 저작들을 참조). 또한 신경제사학은 조세 또는 노예의 확대 금지가 남부 경제에 끼친 경제적 부담이 얼마인지를 측정하고, 역시 그 부담이 크지 않았다는 점을 밝힘으로써 남북 전쟁을 이해하는 데 기여했다[87, Pope, 1972; 84, Passel and Wright, 1972]. 경제적 이해가 정치적 행위를 결정한다고 믿는다면, 신경제사학자들이 이러한 이해의 크기를 측정할 수 있을 것으로 기대할 수 있을 것이다. 그것을 믿지 않는다면, 신경제사학자들은 적절한 다른 경제적 지표를 계산해 낼 것으로 기대할 수 있다: 예를 들어, 신경제사학자들은 남북 전쟁 직전에 노예제가 경제적으로 더 이상 존속될 수 없는 상태에 있지 않았다(not economically moribund)는 점을 보여 줌으로써, 노예제를 폐지하기 위해서 군사적 개입은 필요 없었다는 식으로 남부에 동정적이던 많은 역사학자들의 논지를 거부할 수 있었던 것이다.[30] 어쨌든, 경제학을 정치에 적용하는 것은 정치학을 경제 모형에 포함시키는 이론적 문제를 야기하는데, 이 문제는 그 동안 대부분의 경제학자

30) 이러한 논지는 콘래드와 마이어[13, 1958]에 명시적으로 나오긴 하지만, 확실한 근거를 갖게 된 것은 야수바[136, 1961]의 주장이 나온 이후이다. 건더슨[44, 1974] 참조.

들(즉, 프리드먼보다는 좌파적이고, 스위지보다는 우파적인 대부분의 경제학자들)이 무시해 왔다.[31)]

신경제사학은 지난 수년 간 경제학이 사회 과학으로서 발전하는 데 필수적인 이러한 이슈들에 대해 점차 주위를 환기시켜 왔다. 예를 들어, 포겔과 엥거만의 최근 저작에 잘 나타난 바와 같이[31, 1974], 미국의 노예제에 관한 심도 있는 연구는 경제 사회에 있어서 강압이 어떤 역할을 하는지에 대한 논의를 촉발했다. 우파 경제학자들과 마찬가지로 매우 역사 의식이 깊은 마르크스주의 경제학자들이 늘어나고 있는 와중에, 경제학에서 이 문제를 다루었던 것은 기껏해야 시장 경제와 비교해서 통제 경제를 몇 차례 언급하는 정도였다. 그것도 시장 경제 하에서는 조세나, 계약의 강제, 형법 같은 것을 제외하고는 강압이란 없다는 가정을 전제로 하고 말이다. 이는 인구의 4분의 1을 차지하는 미성년에게는 해당된 적이 없는 가정이었고, 노예 사회에서는 물론 더더욱 맞지 않는 가정이다. 그러나 포겔과 엥거만은 남부의 노예 소유주들이 자본주의적이었기 때문에 자신들의 노예를 다루는 데 있어서 채찍뿐 아니라 시장 원리도 사용했음을 보여 줄 수 있었다. "노예제; 진보적 제도?"라는 장문의 서평에서 데이비드와 테민은, 유인책과 강압을 동시에 사용하는

31) 폭력적인 혁명과 내전만이 신경제사학자들의 관심을 끌었던 정치적 사건은 아니었다: 19세기 초의 관세 요인에 대해서는 핀커스[86, 1972]를 참조; 영국의 노예 무역 중지에 관해서는 르빈[67, 1971]을 참조; 남부에서 교육 차별의 생성에 관해서는 프리맨[32, 1972]-비역사학도에 의한 훌륭한 역사 연구의 사례-을 참조; 19세기 말 농민의 저항에 관해서는 힉스[49, 1971, Ⅳ장] 그리고 보우먼과 킨[5, 1974]을 참조; 뉴딜 시기 정부 지출에 관한 정치경제학은 라이트[133, 1974]를 참조.

시스템을 다루는 경제 이론은 존재하지 않는다고 주장했다[16, 1974, esp. pp. 778-783]. 그렇지 않을 수도 있지만, 이론에의 도전임에는 틀림없다.

도전은 경제사학자의 연구 주제가 광범위한 관점으로부터 연구될 수밖에 없다는 점에서 생겨난다. 연구자는 소득의 장기적 변화를 연구하지 않고 장기에 있어서의 경기 변동을 분석할 수 없다[61, Klotz and Neal, 1973]; 도시 규모의 장기적 추세를 분석하지 않고서는 도시 규모의 장기적 추세를 결정하는 요인이 무엇인지 알아낼 수 없는 것이다[108 Swanson and Williamson, 1974]. 그러나 문제의 핵심은 이보다 더 깊은 곳에 있다. 자신의 관심을 현재에만 묶어 둔 경제학자는, 데이비스와 노스가 『제도 변화와 미국의 경제 성장』(*Institutional Change and American Economic Growth*)[17, 1971]에서 했던 것처럼, 노동 및 자본 시장의 제도가 왜 변하는지를 물어 볼 것으로 기대할 수는 없다. 또 그는, 노스와 토머스가 『서구 세계의 등장』(*The Rise of Western World*)[79, 1973]에서 했던 것처럼, 근본적인 사회적 합의가 왜 등장하고 사라지는지에 대해 의문을 가질 것이라고 기대하기는 더욱 어렵다. 좀더 소박한 차원에서도 농업경제학자나 경제사학자 말고는 기업 이론의 토대를 구성하고 있는 경영 능력, 혹은 조금 어렵게 말해서 기업가 정신을 (이론화하는 것이 아니라) 측정하는 문제에 관심을 기울여 온 경제학자들은 거의 없었다. 경제학을 모르는 정부의 기획자들이 농부는 합리적이지 못하다는 주장을 하자 이를 반박하기 위해 농업경제학을 연구하는 사람들이 경영 능력이라는 것을 측정할 수밖에 없었다. 경제학을 모르는 역사학자들이 19세기 말 영국의 기업가들은 합리적이지 못했다고 주장하니까 빅토리아 시대를 연구하던 경제학자들 또한 경영 능력이라는 것을 측정할 수밖에 없었던 것이다[98, Sandberg, 1974]. 경제학자치고는 예외적으로 긴 역사적 안목을 가지고 있는 농업경제학자들조차도 왜 농민 토지 보유권이라는 기이한 제도가 수세기에 걸쳐 많은 나라에서 존속되어 왔는지, 또한 그 제도가 농지 개혁과 함께 사라지게 되었는지에 대해 의문을 가질 것으로 기대할 수 없다.

아이슬란드의 시인 베네딕슨(Einor Benediktsson)은 이를 이렇게 표현했다: "과거를 보아야 하네/ 독창성을 얻고 싶다면;/ 과거의 가르침 없이는/ 오늘 새로운 것을 볼 수 없네."[32)]

4) 더 나은 정책

연구가 잘못되었을 때 경제학이나 역사학보다 더 해가 되는 지적 행위는 없을 것이다. 잘못된 경제적 추론이나 잘못된 역사적 사례가 한 사회를 손상시킬 만한 힘이 있다는 것은 명백하다: 중상주의 논리와 같은 사이비 경제학은 수세기에 걸쳐 교역의 규모를 줄이고 기득권을 보호해 왔다. 아리안 '인종'이라는 사이비 역사는 독일 파시즘에 위엄이라는 바탕을 제공했다. 나쁜 경제사 안에서 나

32) 이 인용문은 아이슬란드 경제발전연구소의 시거드슨(Jon Sigurdsson)이 소개해 주었다.

쁜 경제학과 나쁜 역사학이 결합되면 치명적이다. 확실한 것은 경제사를 제대로 공부하지 않았다면 정책 입안자들은 잘못된 정책 결정을 하게 될 가능성이 매우 크다는 점이다. 더구나 이와 관련해서 자주 인용되는 – 자주 인용되는 것은, 아마도 그의 말이 옳기 때문일 것이다 – 케인스의 말을 빌리면, 경제사학자의 생각은, 그들의 생각이 옳거나 잘못되었거나 간에, 일반적으로 이해되는 것보다 훨씬 강력하다. 권력을 가진 사람이 환청을 들을 만큼 미쳐 있다면 그는 몇 년 전의 경제적 사건에 관한 이해로부터 자신의 광기를 증류해 낼 것이다. 역사적 영향으로부터 자유롭다고 스스로 믿는 실용적인 사람들은 대체로 역사적 사례의 노예이다.

산업 혁명은 1760년경 다양한 도구들이 발명되면서 갑작스럽고 단순하게 영국에서 발생했던 것으로 이야기되고는 하는데, 이는 글자를 모르는 농민들에게 컴퓨터를 제공하는 성장 정책을 정당화시키는 데 이용된다. 영국에서 (그리고 후에 일본에서) 무역이 성장의 엔진이었다고 이야기되고는 하는데, 이 때문에 수출을 위해 내국인들을 빈궁하게 하는 정책이 정당화되기도 한다. 변동 환율제로 전환되면서 1930년대 국제 경제의 혼란이 가중되었다고 이야기되고는 하는데, 이로 인해 고용을 희생해 가면서까지 파운드화를 $4.86, $2.80, $2.40, 혹은 (보다 근래에는) $2.00의 환율 수준에 묶어 두는 정책이 정당화되기도 한다. 19세기 공업화 과정에 철도가 매우 중요한 역할을 한 것으로 이야기되고는 하는데, 이로 인해 20세기에 트럭과 같은 경쟁을 죽여 가면서 보조금 등을 통해 철도만 강화하는 정책이 정당화되기도 한다. 공업화가 노동자 계층을 짐승처럼 만들었다고 이야기되고는 하는데, 이 때문에 고학력층 사이에서조차 자본주의에 대한 뿌리 깊은 의구심이 정당화되기도 한다. 1900년 이후 임금 상승의 상당 부분은 노동조합 때문이라고 이야기되고는 하는데, 이로 인해 정부가 나서서 배관공, 전기공, 정육업자들의 터무니없는 요금을 보호하는 것이 정당화되기도 한다. 19세기 전문직 서비스의 경쟁적 공급이 소비자들에게 통탄할 만큼 해를 끼친 것으로 이야기되고는 하는데, 이는 의사나 장례사들의 공식적 카르텔을 정당화하는 데 이용된다. 독점 기업이 19세기에 광범위하게 형성된 것으로 이야기되고는 하는데, 이 때문에 대기업에 대한 적대감이 정당화되기도 한다. 요구불 예금이나 서축성 예금에 대해 경쟁적으로 금리를 지급한 것이 은행 체제의 불안정을 야기한 것으로 이야기되고는 하는데, 이로 인해 금리의 경쟁을 금지하는 법이 정당화되기도 한다. 대기 오염은 과거 어느 때보다 지금 심각한 것으로 이야기되고는 하는데, 이로 인해 대기 오염에 맞서 싸울 용의 전사 같은 정책이 정당화되기도 한다. 화석 연료의 매장량 대비 사용 비율이 50년 전에 비해 상대적으로 빨라졌다고 이야기되고는 하는데, 이로 인해 새로운 연료 개발에 보조금을 지급하거나 원유의 국제 거래를 금지하는 정책이 정당화되기도 한다. 이러한 정책들이 옳거나 그르거나 간에, 정부의 선전이나 민간의 판단이 잘못된 역사적 전제에 기초하고 있는 한 – 대부분의 경우 상당한 정도는 그렇지만 – 그 정책적 근거는 의심스러울 수밖에 없다.

이러한 사례는 끝도 없이 들 수 있지만, 중요한 두 가지 예만 더 들어 보면 충분할 것 같다. 1920년대와 1930년대 환율 체제가 엉망이 되면서 탄력성을 가지고 국제 수지를 분석하는 방법이 개발되어 오늘날까지도 이론과 정책을 지배하고 있다. 이러한 분석 방법은 최근 수년간 논리적 근거 하에 공격을 받아 왔지만, 새로운 대안의 개발은 과거 환율의 움직임에 대한 재해석에 따라 좌우될 것이다.[33] 1930년대 고용 문제가 뒤죽박죽이 되고, 케인스와 그의 동조자들이 이에 대한 해석을 내놓으면서 제2차 세계 대전 후 완전 고용을 위한 정책과 이를 달성하기 위해 재정 수단에 집중하는 경향이 생겨났다. 그들의 해석은 재고해 볼 필요가 있다. 은행업 진출이 자유로웠던 미국의 경험을 분석하면서 로코프(Hugh Rockoff)가 언급한 대로 "역사의 목표 가운데 하나는 가능성이라는 개념의 범위를 넓히는 것이다"[93, 1975, p. 176]. 가까운 과거에 대한 기억만을 가지고 있는 경제학자들은 가능성이라는 개념의 범위가 좁기 때문에, 잘못된 역사를 바로잡아 올바르게 역사를 이해하는 것만으로도 공공 정책에 도움이 될 수 있다. 오늘날 정부의 정책을 칭찬하거나 비판하면서 의식적 혹은 무의식적으로 우리는 역사적 사례의 노예가 될 수 있지만, 우리가 노예인 것을 어쩌겠는가.

33) 시카고대학의 국제 무역 워크숍에서는 제2차 세계 대전 이전 영국과 프랑스, 그리고 일본의 경험에 대한 '통화적' 접근을 시도하려는 노력이 집중되고 있다.

5) 보다 나은 경제학자

이러한 점에 비추어 볼 때, 스미스와 마셜, 슘페터와 케인스가 깊이 있는 역사적 사고를 했다는 것은 놀라운 일이 아니다. 경제학자, 특히 계량경제사학자는 중요한 경제 이론을 만드는 데 있어서 역사를 대신할 것은 아무 것도 없다고 주장할 수는 없다. 미국의 경제 성장에 있어서 철도를 대신할 수 있는 것은 아무 것도 없다고 주장할 수 없는 것처럼 말이다. 경제학의 일부 중요한 이론들은 역사에 무지한 사람에 의해 만들어지기도 했지만, 물론 그런 경우를 찾기란 쉽지 않다는 점도 인정해야 한다. 예를 들어, 현대 교과서에 핵심만 실려 있는 에지워스의 이론은 역사와 관련 없는 적절한 예처럼 보이지만, 원본을 읽으면서 헤로도투스를 인용한 부분에서 더듬거리다 보면 그렇지 않다는 것을 알 것이다. 힉스 저작의 대부분에는 역사와 관련된 부분이 분명 많지 않지만, 그는 대학 강단에 선 초기에 중세에 관한 강의를 했을 뿐 아니라, 스스로 『경제사 리뷰』(*Ecnomic History Review*영국의 경제사학회에서 1927년부터 발행해 온 전통 있는 학술 저널)의 평생 독자임을 자처해 왔으며, 1969년에는 『경제사 이론』(*A Theory of Economic History*)이라는 책을 쓰기도 했다[48, 1969, p. v]([47, 1953]도 참조할 것). 역사는 경제적 상상력을 자극함으로써 경제적 논리의 한계를 짓기도 하고 늘리기도 하는 역할을 한다. 경제학자는 자신의 다른 연구를 통해 경제 이론이라는 건물의 부분들을 어떻게 관찰하고, 이름을 붙이고, 수리할 것인지를 배운다. 그는 그 건물이 언제

생겼으며, 그 이웃에 있는 건물은 어떻게 생겨나게 되었으며, 그리고 왜 건물들은 서로 다르게 생겼고 앞으로도 다르게 지어질지를 역사로부터 배운다. 경제학을 대면하는 더 광범위한 물음들은 역사적이다. 역사가 경제학자의 작업에 유용하다면, 그가 경제학을 가르치는 데에는 더욱 쓸모가 있다.

경제학자가 경제학을 가르치는 데 역사가 가장 중요하다는 독일 역사학파의 스타일을 따르라거나, 역사의 구체성(혹은 보다 일상적으로 말해서, 그저 말로 푸는 역사적 개념)을 위해 극대화의 개념을 포기해야 한다고 제안하는 것은 비합리적일 것이다. 이러한 비합리적 제안에 대한 반응은 사실 근대 경제학이 현재 시점 위주로 떠돌고 있음을 반증하는 것이다. 게다가 영국의 경제사학자 애쉬튼(T. S. Ashton)은 다음과 같이 말한 바 있다:

> 사회 과학의 방법론으로 적절한 것이 귀납인가 연역인가에 관한 모든 논쟁은 물론 유치하다. 그것은 마치 껑충 뛸 때 오른발로 뛰는 게 나은지, 왼발로 뛰는 게 나은지를 두고 논쟁을 벌이는 것과 같다. 두 발이 다 있고 지각 있는 사람이라면 두 발로 걷는 것이 더 나은 진전을 이룰 수 있다는 점을 알고 있다.

역사라는 다리 없이 뛰는 경제학자는, 그가 10종 경기를 뛸 만한 운동 선수가 아니라면, 현재에 대한 식견은 좁고, 경제적 사고는 얄팍하고, 경제 자료의 강점과 약점을 제대로 파악하지 못하고, 경제학을 좀더 큰 이슈에 적용하는 능력이 떨어지기 마련이다. 학생들에게 물어 보면 그들은 경제 연구라는 것이, 어쩌다 알게 된 경제자문위원회의 최신 발표문과 경제 모형에서 완화된 최신의 가정, 통조림 같은 회귀 분석 프로그램의 최신 수정판으로 구성되어 있다고 믿는다는 것이다. 학생들이 이처럼 이상한 개념들을 어디서 어떻게 배우는지는 그들의 스승을 보는 것만으로도 충분하다.

대략 15년 정도 계량경제사학자들은 역사학계의 동료들에게 경제학의 놀라운 유용성에 대해 설명해 왔다. 이제 계량사학자들은 경제학계의 동료들에게 역사의 놀라운 유용성에 대해 설명을 시작할 때가 되었다. 회의주의에 의해 검증된 참고 가득한 경제 사실들, 경제학의 힘을 모든 방향으로 뻗칠 수 있는 여러 가지 실험들, 경제적 사고의 원천, 정책의 지침, 그리고 사회 과학자들의 학교 등등, 경제사학은 놀라울 만큼 유용하지 않은가. 경제학계의 몇몇 최고 거물들이 경제사를 높게 평가하고 있다는 것은 우연이 아니다. 그렇다면 나머지 경제학자들이 이를 모르고 흘러가는 것은 얼마나 가여운 일인가. 과거는 유용한 경제학을 가지고 있는가? 물론이다.

참고 문헌*

1. American Economic Association, *Index of economic journals*, Vols. I-VI, Homewood, Ill.: Irwin, 1961-1965.
2. Anderson, T., "The Economic Growth of Seventeenth Century New England: A Measurement of Regional Income," unpublished doctoral dissertation, University of Washington, 1972.
3. Ashton, T. S., "The Relation of Economic History to Economic Theory," *Economica, N. S.*, May 1946, 13, pp. 81-96; reprinted in *The study of economic history*, edited by N. B. Harte, London: Frank Cass, 1971, pp. 161-180.
4. Beach, W. F., *British international gold movements and banking policy, 1881-1913*, Cambridge: Harvard University Press, 1935.
5. Bowman, J. and R. H. Keehn, "Agricultural Terms of Trade in Four Midwestern States, 1870-1900," *Journal of Economic History*, 34, Sept. 1974, pp. 592-609.
6. Brady, D. S., ed., *Output, employment, and productivity in the United States after 1800*, Conference on Research in Income and

* 경제학에 유용한 미국경제사의 완전한 연구 목록은, '계량경제사학'의 최근 목록으로만 한정하더라도 수백 건에 달할 것이다. 이 목록에는 많은 중요한 저작이 빠져 있다. 더 많은 자료를 위해서 아이템 18, 30, 49, 88, 112, 130과 132의 목록을 참조할 것.

Wealth, Studies in Income and Wealth, Vol. 30., New York: National Bureau of Economic Research; distributed by Columbia University Press, 1966.

7. Bronfenbrenner, M., "Trends, Cycles, and Fads in Economic Writing," *American Economic Review*, Supplement, 56(2), May 1966, pp. 538-552.

8. Brown, E. C., "Fiscal Policy in the Thirties: A Reappraisal," *American Economic Review*, 46(5), Dec. 1956, pp. 857-879.

9. Cameron, R., "Has Economic History a Role in an Economist's Education?" *American Economic Review*, Supplement, 55(2), May 1965, pp. 112-115.

10. Caves, R., "Export-Led Growth and the New Economic History," in *Trade, balance of payments and growth*, edited by J. N. Bhagwati *et al.*, Amsterdam: North Holland, 1971.

11. Chambers, E. J. and D. F. Gordon, "Primary Products and Economic Growth: An Empirical Measurement," *Journal of Political Economy*, 74(4), Aug. 1966, pp. 315-332.

12. Coats, A. W., "The Role of Scholarly Journals in the History of Economics: An Essay," *Journal of Economic Literature*, 9(1), March 1971, pp. 29-44.

13. Conrad, A. H. and J. R. Meyer, "The Economics of Slavery in the Ante-Bellum South," *Journal of Political Economy*, 66, April 1958,

pp. 95-130; reprinted in [14, 1964].

14. ______, *The economics of slavery and other studies in econometric history*, Chicago: Aldine, 1964.

15. David, P. A., *Technical choice, innovation and economic growth: Essays on American and British experience in the nineteenth century*, New York and London: Cambridge University Press, 1975.

16. ______ and P. Temin, "Slavery: The Progressive Institution?" *Journal of Economic History*, 34, Sept. 1974, pp. 739-783.

17. Davis, L. E. and D. C. North, *Institutional change and American economic growth*, Cambridge: Cambridge University Press, 1971.

18. Davis, L. E., R. A. Easterlin, W. N. Parker, and others, *American economic growth: An economist's history of the United States*, New York: Harper and Row, 1972.

19. Deane, P. and W. A. Cole, *British economic growth, 1688-1959*, Cambridge: Cambridge University Press, 1962.

20. DeCanio, S., *Agricultural production, supply and institutions in the post-Civil War South*. Cambridge: M.I.T. Press, 1974.

21. Easterlin, R. A., "Interregional Differences in Per Capita Income, Population, and Total Income, 1840-1950," in [82, Parker, 1960].

22. ______, "Influences in European Overseas Emigration before World

War I," *Economic Development and Cultural Change*, 9, April 1961, pp. 331-351.

23. ______, *Population, labor force, and long swings in economic growth: The American experience*, New York: NBER; distributed by Columbia University Press, 1968.

24. Edelstein, M., "The Determinants of U.K. Investment Abroad, 1870-1913: The U.S. Case," *Journal of Economic History*, 34(4), Dec. 1974, pp. 980-1007.

25. Feinstein, C. H., *National income, expenditure and output of the United Kingdom*, 1855-1956, Cambridge: Cambridge University Press, 1972.

26. Feldstein, M., "Social Security, Induced Retirement, and Aggregate Capital Accumulation," *Journal of Political Economy*, 82(5), Sept./Oct. 1974, pp. 905-926.

27. Fishlow, A., *American railroads and the transformation of the Ante-bellum economy*, Cambridge: Harvard University Press, 1965.

28. Fogel, R. W., *Railroads and American economic growth: Essays in econometric history*, Baltimore: Johns Hopkins Press, 1964.

29. ______ and S. L. Engerman, "A Model for the Explanation of Industrial Expansion during the Nineteenth Century: With an Application to the American Iron Industry," *Journal of Political Economy*, 77(3), May/June 1969, pp. 306-328.

30. ______ and S. L. Engerman, eds., *The reinterpretation of American economic history*, New York: Harper and Row, 1971.

31. ______ and S. L. Engerman, *Time on the cross: The economics of American negro slavery*, 2 vols., Boston: Little, Brown, 1974.

32. Freeman, R. B., "Black-White Income Differences: Why Did They Last So Long?" unpublished manuscript, Harvard University, 1972.

33. Friedman, M. and A. J. Schwartz, *A monetary history of the United States 1867-1960*, Princeton: Princeton University Press for the NBER, 1963.

34. Gallman, R. E., "Commodity Output, 1839-1899," in [82, Parker, 1960].

35. ______, "Gross National Product in the United States, 1834-1909," in [6, Brady, 1966].

36. Goldin, C. D., "The Economics of Emancipation," *Journal of Economic History*, 33(1), March 1973, pp. 66-85.

37. ______, unpublished manuscript on urban slavery, forthcoming, Chicago: University of Chicago Press, 1976.

38. Gordon, D. F. and G. M. Walton, "A New Theory of Regenerative Growth and the Experience of Post World War II West Germany," unpublished manuscript, University of Indiana, Oct. 1974.

39. Gordon, R. J., "$45 Billion of U.S. Private Investment Has Been Mislaid," *American Economic Review*, 59(3), June 1969, pp.

221-238.

40. ______, "Reply to Comment by G. Jaszi," *American Economic Review*, 60(5), Dec. 1970, pp. 940-945 (see [55, Jaszi, 1970]).

41. Goy, J. and E. Le Roy Ladurie, *Les fluctuations du produit de la Dime*, Paris: Mouton, 1972.

42. Griliches, Z., "Errors in Variables and Other Unobservables," *Econometrica*, 42(6), Nov. 1974, pp. 971-998.

43. Guisinger, S. E., "The Theory and Measurement of Effective Protection–The Case of Pakistan," unpublished doctoral dissertation, Harvard University, 1970.

44. Gunderson, G., "The Origin of the American Civil War," *Journal of Economic History*, 34(4), Dec. 1974, pp. 915-950.

45. Harley, C. K., "On the Persistence of Old Techniques: The Case of North American Wooden Shipbuilding," *Journal of Economic History*, 33(2), June 1973, pp. 372-398.

46. Hartwell, R. M., "The Standard of Living Controversy: A Summary," in *The Industrial Revolution*, edited by R. M. Hartwell, Oxford: Basil Blackwell, 1970.

47. Hicks, J. R., "An Inaugural Lecture," *Oxford Economic Papers, N. S.*, June 1953, 5, pp. 117-135.

48. ______, *A theory of economic history*, Oxford: Clarendon Press, 1969.

49. Higgs, R., *The transformation of the American economy, 1865-1914:*

An essay in interpretation, New York: Wiley, 1971.

50. ______, "Race, Skills, and Earnings: American Immigrants in 1909," *Journal of Economic History*, 31(2), June 1971, pp. 420-428.

51. ______, "Patterns of Farm Rental in the Georgia Cotton Belt, 1880- 1900," *Journal of Economic History*, 34(2), June 1974, pp. 468-482.

52. Hill, P., "The Economic Impact of Immigration into the United States," unpublished doctoral dissertation, University of Chicago, 1970.

53. Hueckel, G., "War and the British Economy, 1793-1815, A General Equilibrium Analysis," *Explorations in Economic History*, 10(4), Summer 1973, pp. 365-396.

54. Hughes, J. R. T. and S. Reiter, "The First 1,945 British Steamships," *J. Amer. Statist. Assoc.*, 53, June 1958, pp. 360-381.

55. Jaszi, G., "$45 Billion of U.S. Private Investment Has Been Mislaid: Comment," *American Economic Review*, 60(5), Dec. 1970, pp. 934-939 (see R. J. Gordon's "Reply" [40, 1970]).

56. Jones, A. H., "Wealth Estimates for the New England Colonies about 1770," *Journal of Economic History*, 32(1), March 1972, pp. 98-127.

57. Jones, G. T., *Increasing returns*, Cambridge: Cambridge University Press, 1933.

58. Kelley, A. C., "International Migration and Economic Growth: Australia, 1865-1935," *Journal of Economic History*, 25(3), Sept.

1965, pp. 333-354.

59. ______, J. G. Williamson, and R. J. Cheetham, *Dualistic economic development: Theory and history*, Chicago: University of Chicago Press, 1972.

60. Kessel, R. A. and A. A. Alchian, "Real Wages in the North during the Civil War: Mitchell's Data Reinterpreted," *Journal of Law and Economics*, 2, Oct. 1959, pp. 95-113.

61. Klotz, B. P. and L. D. Neal, "Spectral and Cross-Spectral Analysis of the Long Swing Hypothesis," *Review of Economic Statistics*, 55(3), August 1973, pp. 291-298.

62. Kravis, I. B., "Trade as a Handmaiden of Growth: Similarities between the Nineteenth and Twentieth Centuries," *The Economic Journal*, 80(320), Dec. 1970, pp. 850-872.

63. Landes, W. M. and L. C. Solmon, "Compulsory Schooling Legislation: An Economic Analysis of Law and Social Change in the Nineteenth Century," *Journal of Economic History*, 32(1), March 1972, pp. 54-91.

64. Laslett, T. P. R., *Household and family in past time*, Cambridge: Cambridge University Press, 1972.

65. Lebergott, S., *Manpower in economic growth: The American record since 1800*, New York: McGraw-Hill, 1964.

66. Leontief, W., "Theoretical Assumptions and Nonobserved Facts,"

American Economic Review, 61(1), March 1971, pp. 1-7.

67. Leveen, E. P., "British Slave Trade Suppression Policies 1821-1865: Impact and Implications," unpublished doctoral dissertation, University of Chicago, 1971.

68. Lindert, P. H., "Land Scarcity and American Growth," *Journal of Economic History*, 34(4), Dec. 1974, pp. 851-884.

69. McClelland, P. D., "The Cost to America of British Imperial Policy," *American Economic Review*, Supplement, 59(2), May 1969, pp. 370-381.

70. McGouldrick, P. F., *New England textiles in the nineteenth century: Profits and investment*, Cambridge, Mass.: Harvard University Press, 1968.

71. Meeker, E., "The Improving Health of the United States, 1850-1915," *Explorations in Economic History*, 9(4), Summer 1972, pp. 353-374.

72. ______, "The Social Rate of Return on Investment in Public Health, 1880-1910," *Journal of Economic History*, 34(2), June 1974, pp. 392-421.

73. Mitchell, B. R. with P. Deane, *Abstract of British historical statistics*, Cambridge: Cambridge University Press, 1962.

74. Mitchell, W. C., *Business cycles: The problem and its setting*, New York: NBER, 1927.

75. Neal, L. and P. Uselding, "Immigration, A Neglected Source of American Economic Growth: 1790-1912," *Oxford Economic Papers, N. S.*, 24(1), March 1972, pp. 68-88.

76. Nelson, R. R. and S. G. Winter, "Neoclassical vs. Evolutionary Theories of Economic Growth: Critique and Prospectus," *The Economic Journal*, 84(336), Dec. 1974, pp. 886-905.

77. Nerlove, M., "Two Models of the British Economy: A Fragment of a Critical Survey," *International Economic Review*, 6(2), May 1965, pp. 127-181.

78. North, D. C., "Sources of Productivity Change in Ocean Shipping, 1600-1850," *Journal of Political Economy*, 76(5), Sept./Oct. 1968, pp. 953-970.

79. ____ and R. P. Thomas, *The rise of the Western World*, Cambridge: Cambridge University Press, 1973.

80. Olmstead, A. L., "New York City Mutual Savings Bank Portfolio Management and Trustee Objectives," *Journal of Economic History*, 34(4), Dec. 1974, pp. 815-834.

81. Olson, M., *The economics of wartime shortage, a history of British food supplies in the Napoleonic Wars and in World Wars I and II*, Durham: Duke University Press, 1963.

82. Parker, W. N., ed., *Trends in the American economy in the nineteenth century*, Conference on Research in Income and Wealth,

Studies in Income and Wealth, Vol. 24, Princeton: Princeton University Press, 1960.

83. Passell, P. and M. Schmundt, "Pre-Civil War Land Policy and the Growth of Manufacturing," *Explorations in Economic History*, 9(1), Fall 1971, pp. 35-48.

84. ______ G. Wright, "The Effects of Pre-Civil War Expansion on the Price of Slaves," *Journal of Political Economy*, 80(6), Nov./Dec. 1972, pp. 1188-1202.

85. Peppers, L. C., "Full-Employment Surplus Analysis and Structural Change: The 1930s," *Explorations in Economic History*, 10(2), Winter 1973, pp. 197-210.

86. Pincus, J., "A Positive Theory of Tariff Formation Applied to the 19th Century United States," unpublished doctoral dissertation, Stanford University, 1972.

87. Pope, C., "The Impact of the Ante-Bellum Tariff on Income Distribution," *Explorations in Economic History*, 9(4), Summer 1972, pp. 375-421.

88. *Purdue faculty papers in economic history 1956-1966*, Homewood, Ill.: Irwin, 1967.

89. Ransom, R. and R. Sutch, unpublished book manuscript on post-bellum Southern agriculture, forthcoming.

90. Rees, A. E., *Real wages in manufacturing, 1890-1914*, Princeton:

Princeton University Press, 1961.

91. Reid, J. D., Jr., "Sharecropping as an Understandable Market Response: The Post-Bellum South," *Journal of Economic History*, 33(1), March 1973, pp. 106-130.

92. Rockoff, H. T., "The Free Banking Era: A Reexamination," *Journal of Money, Credit, Banking*, 6(2), May 1974, pp. 141-167.

93. ______, "Varieties of Banking and Regional Economic Development in the United States, 1840-1860," *Journal of Economic History*, 35(1), March 1975, pp. 160-181.

94. Roll, R., "Interest Rates and Price Expectations During the Civil War," *Journal of Economic History*, 32(2), June 1972, pp. 476-498.

95. Rosenberg, N., *Technology and American economic growth*, New York: Harper and Row, 1972.

96. Rosovsky, H., ed., *Industrialization in two systems: Essays in honor of Alexander Gerschenkron, by a group of his students*, New York: Wiley, 1966.

97. Rostow, W. W., ed., *The economics of take-off into sustained growth*, New York: St. Martin's, 1963.

98. Sandberg, L. G., *Lancashire in decline: A study in entrepreneurship, technology and international trade*, Columbus: Ohio State University Press, 1974.

99. Sanderson, A. R., "Child-Labor Legislation and the Labor Force

Participation of Children," *Journal of Economic History*, 34(1), March 1974, pp. 297-299.

100. Schultz, T. W., *Transforming traditional agriculture*, New Haven: Yale University Press, 1964.

101. ______, "Lingering Doubts About Economics," unpublished paper, University of Chicago, 1974; *American Economic Review*, forthcoming.

102. Shepherd, J. F. and G. M. Walton, *Shipping, maritime trade, and the economic development of colonial North America*, Cambridge: Cambridge University Press, 1972.

103. Sheppard, D. K., *The Growth and role of U.K. financial institutions, 1880-1962*, London: Methuen, 1971.

104. Simon, M., "The United States Balance of Payments, 1861-1900," in [82, Parker, 1960].

105. Solow, R. M., *Growth theory: An exposition*, Oxford: Clarendon Press, 1970.

106. Soltow, L., *Men and wealth in the United States, 1850-1870*, New Haven: Yale University Press, 1975.

107. Stigler, G. J., "Does Economics Have a Useful Past?" *History of Political Economy*, 1(2), Fall 1969, pp. 217-230.

108. Swanson, J. A. and J. G. Williamson, "Firm Location and Optimal City Size in American History," in *The new urban history:*

Quantitative explorations by American historians, edited by L. F. Schnore, Princeton: Princeton University Press, 1974.

109. Sylla, R., "Federal Policy, Banking Market Structure and Capital Mobilization in the United States, 1863-1913," *Journal of Economic History*, 29(4), Dec. 1969, pp. 657-686.

110. Taussig, F. W., *The tariff history of the United States*, New York: Putnam, 1888.

111. Temin, P., *The Jacksonian economy*, New York: Norton, 1969.

112. ______, ed., *New economic history: Selected Readings*, Harmondsworth, England: Penguin, 1973.

113. ______, "The Anglo-American Business Cycle, 1820-60," *Economic History Review*, 2nd ser., 27(2), May 1974, pp. 207-221.

114. Thomas, B., *Migration and economic growth*, Cambridge: Cambridge University Press, 1954.

115. Thomas, R. P., "The Sugar Colonies of the Old Empire: Profit or Loss for Great Britain?" *Economic History Review*, 2nd ser., 21(1), April 1968, pp. 30-45.

116. Titow, J. Z., *Winchester yields*, Cambridge: Cambridge University Press, 1972.

117. Trevelyan, G. M., *English social history*, London and New York: Longmans, Green, 1942.

118. U.S. Bureau of the Census, *Historical statistics of the United States*,

Colonial times to 1957, Washington: U.S.G.P.O., 1960.

119. U.S. President, *Economic report of the President*, Washington, D.C., U.S.G.P.O., 1975.

120. Viner, J., *Canada's balance of international indebtedness, 1900-1913*, Cambridge, Mass.: Harvard University Press, 1924.

121. Walton, G. M., "Sources of Productivity Change in American Colonial Shipping, 1675-1775," *Economic History Review*, 2nd ser., 20(1), April 1967, pp. 67-78.

122. Weiss, R. W., "The Issue of Paper Money in the American Colonies, 1720-1774," *Journal of Economic History*, 30(4), Dec. 1970, pp. 770-784.

123. ______, "The Colonial Monetary Standard of Massachusetts," *Economic History Review*, 2nd ser., 27(4), Nov. 1974, pp. 577-592.

124. West, E. G., "Educational Slowdown and Public Intervention in 19th Century England: A Study in the Economics of Bureaucracy," *Explorations in Economic History*, 12(1), Jan. 1975, pp. 61-87.

125. Whale, P. B., "The Working of the Pre-War Gold Standard," *Economica, N. S.*, 4, Feb. 1937, pp. 18-32.

126. White, H. D., *The French international accounts, 1880-1913*, Cambridge, Mass.: Harvard University Press, 1933.

127. Whitney, W. G., "The Structure of the American Economy in the Late

19th Century," unpublished doctoral dissertation, Harvard University, 1968.

128. Williams, J. H., *Argentine international trade under inconvertible paper money: 1880-1900*, Cambridge, Mass.: Harvard University Press, 1920.

129. Williamson, J. G., *American growth and the balance of payments, 1820-1913*, Chapel Hill: University of North Carolina Press, 1964.

130. ______, *Late nineteenth-century American development: A general equilibrium history*, London and New York: Cambridge University Press, 1974.

131. ______, "Watersheds and Turning Points: Conjectures on the Long-Term Impact of Civil War Financing," *Journal of Economic History*, 34(3), Sept. 1974, pp. 636-661.

132. Wright, G., "Econometric Studies of History," in *Frontiers of quantitative economics*, edited by M. D. Intriligator, Amsterdam: North Holland, 1971.

133. ______, "The Political Economy of New Deal Spending: An Econometric Analysis," *Review of Economic Statistics*, 56(1), Feb. 1974, pp. 30-38.

134. Wrigley, E. A., *Population and history*, London: Weidenfeld and Nicolson; New York: McGraw-Hill, 1969.

135. ______, ed., *Nineteenth century society: Essays in the use of*

quantitative methods for the study of social data, Cambridge: Cambridge University Press, 1972.

136. Yasuba, Y., "The Profitability and Viability of Plantation Slavery in the United States," *Econ. Stud. Quart.*, 12, Sept. 1961, pp. 60-67; reprinted in [30, Fogel and Engerman, 1971].

137. Zellner, A. and G. Murphy, "Sequential Growth, The Labor-Safety-Valve Doctrine and the Development of American Unionism," *Journal of Economic History*, 19(3), Sept. 1959, pp. 402-421.

138. Zevin, R. B., "The Growth of Cotton Textile Production after 1815," in [30, Fogel and Engerman, 1971].

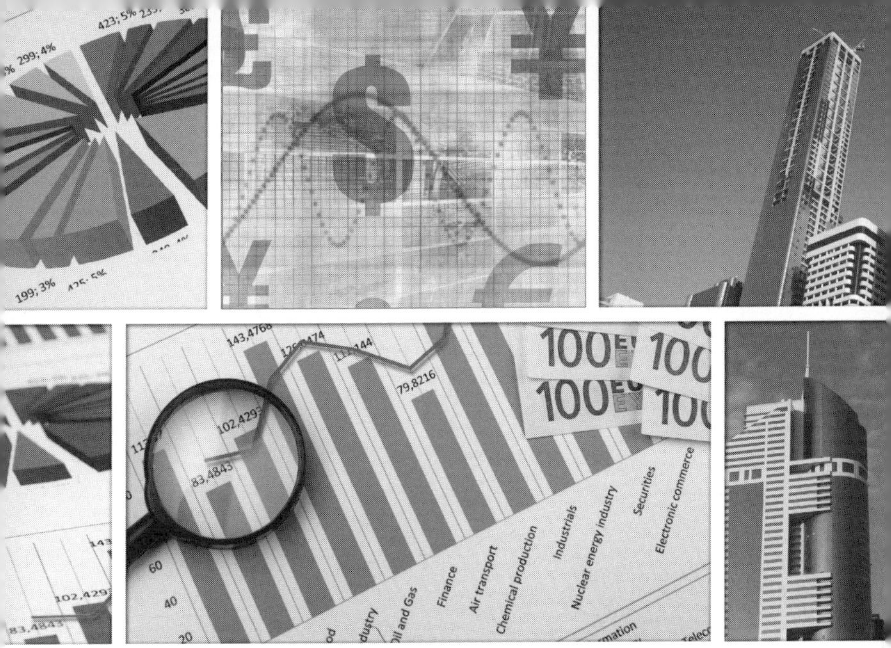

보다 유용한 경제사를 향해

Paul M. Hohenberg

이 글은 2007년 9월 7-9일, 텍사스 오스틴에서 열린 전미경제사학회에서 Hohenberg가 행한 회장 취임 강연을 수정한 것이다. Hohenberg는 이 자리를 빌어 학회의 성공적 개최에 기여한 모든 사람에게 감사의 뜻을 전했다. Anne McCants가 감사하게도 초고를 읽고 수정해 주었으나, 내용에 대한 책임은 저자에게 있다.

다양한 분야로 갈라져 있는 만큼 경제사는 그 학문적 기술뿐 아니라 자신의 유용성을 증명할 필요가 있다. 방법론과 자료에 있어서의 혁신을 통해 경제사가 그 동안 상당한 학문적 진전을 이루었으나, 아직 최선의 상태라고 말하기에는 좀 부족한 데가 있다. 경제사는 특히 경제학에 대해 시공간적으로 보다 풍부한 감성을 제공하였을 뿐 아니라, 인구학 요인의 중요성을 성공적으로 부각시켜 왔다. 세 가지 예화를 통해, 과거와 현재의 충돌로부터 유용한 경제사가 얻어지고, 이를 통해 과거와 현재 모두의 이해를 증진시킬 수 있다는 점을 보여 주고자 한다. 마지막으로 저변을 구성하는 분야(경제학)에서의 새로운 발전이 이루어지는 데 있어서 우리의 분야(경제사)가 앞으로 보다 중심적 역할을 할 것이라는 점을 지적하고자 한다.

다른 전공 분야와 마찬가지로, 경제사 역시 자신의 장점을 발전시키며 진화해 왔다. 통상적으로 경제사의 주요 장점이라면 자료를 발굴하거나 사용하는 데 있어서의 재주, 혹은 측정 및 분석의 복잡한 기술을 적용하는 능력을 포함한다. 따라서 일반적으로 같은 전공 분야의 동료들을 설득하거나 그들에게 깊은 인상을 심어 주려는, 말하자면 내부를 바라보는 방식으로 발전해 온 것이다. 이 글에서 필자가 하고자 하는 말은 좀 다른 것이다. 필자는 아웃사이더의 관점에서 경제사 연구를 바라보고자 한다. 다시 말해, 무엇이 경제사를 유용한 것으로 만들고, 그러한 목표가 실제로 어떤 차이를 만들 수 있는지를 묻고자 하는 것이다.

유용성의 기준에는 세 가지가 있다. 첫 번째는 경제학과 경제사가 서로에게 도움이 되는가 하는 점이다. 두 번째는 역사적 과거가 현재의 정책 관련 이슈들, 혹은 이러한 이슈를 둘러싼 논쟁에 대해 보다 신선하고 명확한 사고를 제공함으로써 기여하고 있는가 하는 점이다. 마지막으로, 이 점이 가장 덜 인식되어 있지만, 정체성 확립을 위하여 대중들에게 경제사를 잘 전파하려는 어려운 노력을 기울이고 있는가 하는 점이다. 학자나 교육자로서 우리가 아무리 걱정을 한다 하더라도, 오늘날의 사회는 매우 다양해져 있기 때문에 경제사에는 별다른 관심이 없는 듯하다. 미국의 건국과 관련한 내용이나 제2차 세계 대전에 관한 관심 정도가 예외라고 할 수 있다. 그러나 이 경우에도 과거가 어떤 식으로 구성되고 이용되는지는 완전히 다른 문제이지만 말이다. 논문의 말미에 이 문제에 대해 다시 언급하겠지만, 사람들이 그들의 생각이나 가슴에 과거에 대한 어떤 이미지를 가지고 있는지, 그리고 그러한 이미지가 현재의 문제들을 해결해 나가는 데 어떤 역할을 하고 있는지 하는 점의 중요성을 과소평가해서는 안 된다.

경제사를 유용성의 관점에서 접근하려는 필자의 논점은, 과거와 현재는 어쩔 수 없이 연결되어 있기 때문에 학자로서 우리는 그러한 연결 고리를 받아들이고, 때로는 이용할 수 있어야 한다는 것이다. 핵심은, 현재의 관심사들과 서로 연관된 상태에서 연구할 때만이 경제사는 과거와 현재 모두에 빛을 뿌릴 수 있고, 그럼으로써 특히 유용성을 증명할 수 있다는 것이다. 현재는 우리에게 과거에 대한 새로운 질문을 던질 수 있게 해주고, 과거는 우리가 당연히 여기는 현재의 면면들을 잘 부각시켜 준다. 조금 무모한 주장처럼 들릴지 모르겠으나, 경제 이론뿐 아니라 역사 분야에서도 역시 경제사가 가까운 과거에 그랬던 것보다는 훨씬 더 중심적 역할을 하는 방향으로 나아가고 있다고 필자는 생각한다.

과거가 얼마나 도움이 되고, 정확하고 그리고 어떤 뉘앙스를 가지는지에 대한 관심을 넘어서 필자는, 평범한 사실인, 경제사 전공 분야가 결코 발전하고 있지 않으며 경쟁적 학문의 생태계에서 자신의 가치를 여전히 증명할 필요가 있다는 냉혹한 깨달음을 강조하고자 한다. 왜 경제사가 (적어도 북미 지역에서) 어려운 싸움을 하고 있는지는 더 이상 비밀이 아니다: 경제학과 역사학의 바탕에 깔려 있는 방법론은 그 동안 상당히 멀어져 왔다. 학문으로서의 경제학은 수학적 형식주의를, 학문으로서의 역사학은 언어적 형식주의를 택하면서 이들 둘은 서로 가까워지지 못하였으며, 필연적으로 서로를 더 이상 붙잡고 있지 못하게 된 것이다. 경제사'에게'뿐 아니라 경제사 '안에서' 일어났던 많은 일들은 이처럼 벌어진 간격에 적응하려는 노력의 결과였다.

이러한 점에서, 그 동안 계량사학(cliometrics)은 혁명적이라기보다는 최소한의 무언가를 지키기 위한 발전 과정이었음이 궁극적으로 밝혀질 것으로 필자는 생각한다. 이러한 판단에 대해 '신포도'우화에 나오는 표현으로 배고픈 여우가 포도를 따먹고 싶은데 먹을 수 없게 되자 자신을 위로하느라 씀.의

냄새가 난다고 코웃음을 쳐버려도 좋다. 그러나 이런 주장에는 충분한 근거가 있다고 생각한다. 필자가 보는 바로는, 경제사학계의 많은 사람들이 경제학에서 어떤 방향으로 바람이 부는지 일찍이 깨달았고, 그리고 그 최고봉에서 혁명이라고 부를 만한 연구를 진행해 왔다. 한 가지 분명한 결과는, 계량사학이 발전함으로써 경제학과 내에 경제사가 중심은 아니더라도 살아남았고, 그래서 경제사를 연구하는 사람들에게, 비록 그 숫자는 줄어들고 있을지라도, 일자리를 제공해 왔다는 것이다. 또한 계량사학은, 경제학의 다른 멋진 전공 분야로 가버릴 수도 있었던 많은 석학들을 경제사 분야로 끌어들이고, 또 붙어 있게 함으로써 경제사 전공의 발전에 큰 도움이 되었다. 그리고 이들은 학문적으로 훌륭한 업적들을 이루어 냈다. 그러나 계량사학의 연구와 그 결과를 보다 넓은 관점에서 고려해 보면, 모든 것이 그렇게 명확한 것만은 아니다. 과연 계량사학 덕분에 과거에 대한 전체적인 시각이 얼마나 바뀌었는가? 진정한 반사실적 가설을 원한다면, 대륙 횡단 철도의 가능한 대안으로 캔자스시티와 새크라멘토 사이의 운하를 논의한 고등학교 미국사 교과서의 내용을 살펴보라.[1] 마찬가지로 영국의 경제 성장률과 1760-1830년 사이 농업의 제한적 발전에 관한 최근(그레고리 클라크 이전)의 수량적 연구가, 론도 캐머런이 수년 전 온갖 수식어를 동원해 산업 혁명의 핵심 내용을 부정하려 하였던 것보다 더 심하게 산업 혁명의

1) 포겔의 역작 『철도와 미국의 경제 성장』을 언급한 것이 결코 그의 저작을 폄훼하려는 의도가 아님을 밝혀 둔다.

핵심 개념을 쓸어버릴 것으로는 생각하지 않는다.[2)]

보다 최근의 일련의 연구, 특히 인체측정학(anthropometrics)과 신제도경제사학(New Institutional Economic History)과 같은 연구에 대해서도 마찬가지로 부정적인 생각이 있다. 이들 분야의 연구들은 그 동안 오래 유지되어 온 견해들을 뒤엎을 흥미로운 가능성을 열었다고 하지만, 그러한 기대에 부응할 만큼 오래 살아남을지는 분명한 것 같지 않다. 생활 수준을 측정하는 데 신장 기록을 이용하는 것은 대단히 분명한 근거가 있어 보이나, 일반적인 패턴과 배치되는 결론에 이르는 것을 보면, 후자는 새로운 증거를 이기는 경향을 보여 왔다고 할 수 있다.[3)] 분명한 것은 표본의 대표성이라는 문제가 있다는 점이다. 예를 들어, 경기가 좋을 때는 대체로 보다 어려운 사람들이 군대에 자원하고, 나쁠 때는 반대일 것이므로 신장으로부터 유추한 생활 수준에는 반경기적 경향이 끼어들게 된다. 그러나 보다 일반적으로 인체측정학은 수량경제사의 초기 경향을 떠오르게 한다.

즉, 초기 계량사학자들은 교회 등록부를 가지고 통계가 존재하기 이전의 인구를 재구성할 수 있다고 주장하였으나 그렇지 못하였다.[4)] 이들 두 경우 모두 새로운 자료의 발굴을 통해 기존의 관점을 뒤엎었을 뿐 아니라, 더욱 중요한 것은 과거에 대한 보다 명확한 그림의 방향을 제시하였다는 점이다. 궁극적으로는 기존의 역사를 해

2) Clark, *Farewell*; 그리고 Cameron, "New View."
3) 예를 들어, Steckel and Floud, eds., *Health and Welfare*를 참고하라.
4) 대표적인 저작은 Henry, *Anciennes familles*.

석한 데 대한 문제 제기가 이루어지면서 떠오른 그림이 복잡한 정도를 넘어서 과거 어느 때보다 더 진흙탕같이 되어버렸다. 사실 시공을 초월해서 적용될 수 있는 일반화보다는 개별 경험을 더 중시하는 기존 역사학자들의 편향된 시각은, 비록 실질적으로 강조되지는 않았다 하더라도 아무도 이의 제기를 하지 않은 채 남아 있었던 것이다.

제도의 역할을 강조하는 입장에 대해서도, 경제 발전에서 그러한 제도가 어떤 인과적 역할을 하였는지에 대해서 많은 의문이 제기되고 있다.[5] 필자가 본 바로 가장 중요한 것은 제도의 형성에 대한 실체적 이론이 없다는 점이다. 아마도 좋은 제도는 성장을 촉진시키는 어떤 생산품에 다름 아닐 것이고, 혹은 좋은 제도와 성장은 모두 아직 알려지지 않은 또 다른 요소(문화?)로부터 결과하는 것일지도 모른다. 더구나 우리는 사전적으로 제도의 품질을 측정할 적절한 수단도 갖고 있지 못하다: 단순하게 말해, 좋은 제도라면 경제가 잘 기능하도록 뒷받침할 수 있어야 한다. 일반적으로 경제학자와 경제사학자들은 좋은 제도가 시장의 기능을 촉진시킬 수 있도록 융합하고자 한다. 물론 어떤 사회든 보다 폭력적인 역회전을 막으려 한다면 시장의 힘을 제한하고 시장의 과잉을 보상하는 방법 역시 강구해야 한다. 마지막으로 어설프고 명백히 제 기능을 다하지 못하는 제도에 대해서도 잘 대처할 수 있어야 한다: 영국은 돈뿐 아

5) 이 문제에 대한 상세한 입문으로는 Grief, *Institutions*, Part 1을 참조.

니라 낡은 계량 방식을 가지고도 세계를 이끌 수 있었다. 누가 알겠는가? 마치 알파벳 대신 상형 문자를 썼던 중국에서 학문에 대한 숭상이 더 발달한 것처럼, 일상에서의 어설픈 산술이 사람들로 하여금 숫자 개념을 더 발달시켰을지. 그리고 영국은 또한 도시 지역의 경우 대의 정치를 시행하거나, 기술 교육을 실시하는 데 있어서 뒤져 있었다.

요컨대, 필자는 어떤 방법이나 데이터가 역사라는 안개를 단숨에 걷어치우고 우리의 과거 경제에 영원한 빛을 밝혀 줄 것이라고 결코 생각하지 않는다. 전통적인 것을 포함해서 많은 접근 방식들이 아직 추구해 볼 가치가 있다. 어떤 방식도 다른 방식에 대해 코웃음칠 만큼 강력한 것은 없다.

필자가 대안으로 제시하고자 하는 것은, 경제사가 스토리텔링이나 질문하기에 있어서 얼마나 유용한지에 관한, 다소 종류가 다르고 온화한 많은 예를 보여 주려는 것이다. 이들 삽화는 역사와 현실의 관심사를 오가는 그런 사실들과 함께 이야기될 것이다: 과거는 현재에게 정보를 주고 현재는 과거에 대한 흥미로운 의문을 제기한다. 무엇이 변하였고, 얼마나 변하였고, 그리고 왜 변하였고 혹은 왜 변하지 않았는지? 그것이 바로 경제사의 핵심이 아니겠는가? 그러므로 모든 것이 연구해 볼 가치가 있다고 생각한다.

1 유용한 경제사: 개념 살찌우기

우선 일반적인 몇 가지 문제를 짚고 넘어가자. 우리는 명백한 사실을 무시해서는 안 되며, 따라서 모든 실증 분석은 본질적으로 역사적이라는 점을 상기시키고자 한다. 현실 세계로부터 관측된 데이터는 아무리 최근의 것이라 할지라도 과거에 닿아 있다. 나이가 든다는 것이 대단한 일은 아니지만 그 과정에서 부산물처럼 깨달은 것이 하나 있다면 그것은 역사라고 여겨지는 많은 것들이 사실은 지금 현재의 일들이거나 당대의 사건들로부터 배운 것들로 이루어져 있다는 점이다. 그리 오래되지 않은 시점에서 시장을 움직였던 데이터나 현상들은 지금으로서는 전례(前例)가 되고 그리고 모형을 검증하는 재료가 된다. 따라서 이러한 전개는 비판적 분석과 컨텍스트화할 가치가 있고, 그것을 할 수 있는 것은 아마도 경제사학자들뿐일 것이다. 다만 명심할 것은 통계학은 소시지나 법률처럼 만들어지는 과정을 보면 밥맛을 잃게 된다는 점이다.

이 같은 가장 일반적인 점 외에, 필자는 경제사학자가 실질적이고 독특하게 기여할 수 있다고 믿는 경제 생활과 사상의 세 가지 개념 혹은 차원에 대해 말하고자 한다. 이 세 가지 가운데 첫째는 공간(Space)인데, 이는 2007년 경제사학회 학술 대회에서 광범위하고 유익하게 논의된 바 있다. 두 번째는 시간(Time)으로 특히 장기에 걸친 시간이다. 그리고 세 번째는 인구학적 측면(Demographic Aspect)인데,

이는 아직도 현재에 초점을 맞추고 있는 경제학자들로부터 온당한 대우를 받지 못하고 있다고 생각된다. 수박 겉핥기의 위험성은 있지만 이들 하나하나에 대해 살펴보자.

공간은 경제사가 지리학, 특히 역사적 인문지리학과 결합되는 차원이다. 그러한 원칙이 몹시, 적어도 미국에서만큼은, 무시되어 왔기 때문에 경제사와 경제학은 대체로 공간이라는 차원을 온당하게 대우해 주지 못해 왔다. 보다 완전한 치유를 생략하는 가장 흔한 방법은 비용 대비 효과를 줄이거나, 무역론과 산업조직론에서의 수송 비용을 줄이거나, 환경경제학에서의 일출(溢出)과 같은 효과를 줄이는 것이다. 그러나 공간은, 예를 들면 구축된 환경과 지형에 구체성을 부여하거나 집약적인 상호 작용의 단위를 정의하는 등 다른 역할을 한다. 중요한 것은 공간 효과가 행위의 생산적 클러스터링을 제공할 뿐 아니라(응집 효과) 편안하고 위안이 되는 지형 혹은 도시 형태를 제공하는 등 긍정적일 수 있다는 것이다. 근래 들어 (지역학 이외의 분야에서) 공간에 대한 관심이 고조되고 있는 것은 새로운 기술, 그 중에서도 컴퓨터 기반의 지리 정보 시스템(GIS)에서 힘을 얻은 바가 크다.[6)]

시간에 대해서는 경제학은, 비록 역사 속에서 그랬던 것처럼 자랑스러울 만큼은 아니지만, 적당한 주의를 기울이고 있는 것처럼 보인다. 그러나 좀더 자세히 들여다보면 경제학자들에게 시간은 대

6) 지리경제학에 대한 관심을 재촉발한 저작의 하나는 Henderson and Thisse, "Cities and Geography"이며, 이 중 역사적 흐름을 다룬 Sukkoo Kim, Robert Margo와 필자에 의한 장(章)들을 참조할 것.

부분 자유도에 관한 것임을 알 수 있다: 의사결정자들이 통제할 수 있는 것은 무엇이고 고정된 것은 무엇인가? 즉, 전통적 의미에서의 단기와 장기에 관한 것이다. 실제 달력에 나오는 시간은 할인과 같은 장치를 통해서만 등장하는데, 여기서 과거와 미래는 거꾸로 된 망원경을 통해서 볼 수 있다. 다른 한편으로는, 복잡할 것 같은 단계에서조차 과거는 현재와 대비되는 신의 영역이 되며, 종종 현재로부터 약 한 세대 정도를 뺀 시기로부터 거슬러 올라가는 것으로 이야기된다. 아래에서 이 같은 '만들어진 과거'에 대해 다시 언급한다.

마지막으로 인구와 관련해서 지역적 분포의 문제뿐 아니라 그 규모와 구조의 변화라는 문제가 있다. 놀라운 것은 인구가 다른 어떤 변수보다, 특히 미래를 예측하는 데 있어서 훨씬 우수한 데이터라는 사실에도 불구하고 우리가 인구학적 차원을 무시하거나 혹은 아주 조금만 고려하는 경향이 있다는 것이다. 어찌되었건, 우리는 지금으로부터 15년 후까지도 미국의 고등학교에 얼마나 많은 학생들이 다니게(혹은 다닐 수 있게) 될지 현재 시점에서도 잘 안다. 물론 미국으로 들어오고 나가는 이민의 수에 의해 어느 지역이 얼마나 영향을 받을지에 대해서는 약간의 불확실성이 있지만 말이다. 고령화와 그에 따른 연금 및 노인 의료 보험에 대해서도 똑같은 말을 할 수 있다. 어디서 이런 문제와 관련한 경고음을 미리 알 수 있다는 말인가?

인구 변화에 대한 관심이 경제 정책과 심지어 경제 이론의 영역에서 무엇을 할 수 있는지에 대한 간단한 예를 들어 보고자 한다.

1970년대 거시경제학의 (1960년대에 출판된 폴 새무얼슨(Paul Samuelson)의 영향력 있는 교과서에 실린 표현대로) '신고전파적 합의'의 실패는 정책적 와해뿐 아니라 케인스 이론의 지적 패배를 보여 준 것이었다. 그러나 일반적인 경제적 어려움, 즉 인플레이션과 실업을 들여다보지 않고, 대신에 고용을 살펴본다면 이 시기는 좀 다르게 보인다. 단순하게 말해서, 미국 경제는 대략 1965년부터 그 이후로 엄청난 수의 노동자들을 고용하도록 요구받았지만, 정책 담당자들의 영웅적인 노력에도 불구하고 전혀 그렇게 할 수 없었다. 이를 위해 실시하였던 자극적인 정책들로 인해 오히려 궁극적으로는 스태그플레이션만 초래하고 말았던 것이다. 필자가 즐기는 표현대로 하면, 단순히 스펀지가 물을 먹을 대로 먹은 상태였던 것이다 내용을 들여다보면, 노동 시장에 참여하려는 사람이 급증한 것은 주로 베이비부머들과 노동 시장에 남아 있거나 혹은 다시 참여하려는 여성들 때문이었다. 이를 수적으로 살펴보면, 이러한 주장이 설득력이 있다: 1970년대 불황으로부터의 회복이 실망스러운 상태였음에도 고용은 1970년부터 1974년 사이 12% 증가하였고, 1975년부터 1979년(저점에서 정점) 사이에는 18%가 늘었다. 1990년에서 1995년 사이 9%, 그리고 가장 최근의 경제 회복기(2001-2006)에도 겨우 3%가 증가한 것과 대조적이다. 그러나 실업은 2006년에 5%에도 채 못 미친 반면 1970년대 말의 경제 회복기 이후에도 6%에 달하였다.[7] 1980년대 연

7) 자료는 *New York Times*, 2006년 9월 2일자, p. C3.

방준비제도 이사회(Fed)는 그 이전과 달리 통화량의 증가가 기대 인플레이션을 가속화시키는 정책을 결코 용납하지 않겠다는 정책적 결정을 유지함으로써 높은 평가를 받았는데, 이로 인해 잠재 노동인구가 크게 늘지 않았던 것(뿐만 아니라 국제 유가도 하락하였던 것)도 도움이 되기는 하였다. 그리고 금세기 들어, 그 이유에 대해 논의된 바는 없지만 심지어 노동 참여율마저 감소해 왔다. 그러나 이제 본래의 주제로 돌아가 보자.

2 스토리텔링과 질문하기: 세 가지 사례

1) 노동 조건

시대별로 생활 수준과 물질적 복지를 비교하는 것은 경제학의 핵심 주제 가운데 하나이고, 경제사에 있어서는 더욱 중요하다: 1인당 명목과 실질 GDP, 소득 분배, 임금률, 유급 휴가나 보험과 같은 부수 급여, 상대 가격, 소비 패턴, 시장 대 비시장 노동 등. 또한 여가 시간의 증가(혹은 감소)도 역시 잘 살펴보아야 한다: 1일 노동 시간, 휴가와 휴일, 심지어 출퇴근에 걸리는 시간, 그리고 물론 교육과 훈련으로 창출되는 인적 자본의 성장도 눈여겨보아야 한다. 그다지 주목을 받지는 못하였지만, 산업화 이후 사회의 노동 세계가 과거와 다르고, 그리고 과거에 비해 개선된 두드러진 특징 가운데 하나인 것은 노동 조건이다. 오늘날 많은, 아마도 대부분의 직장에서 재해나 질병, 학대의 위험보다 더 큰 문제는 권태일 것이다. 후자의 사례는 물론 여전히 존재하며, 산업화된 나라들이 아니라면 드문 일도 아니다. 그러나 초점은 우리가 여기저기서 뉴스거리가 될 만한 그 같은 놀라운 일들을 목도한다는 것이다. 대학원생들이 유념할 만한 것으로, 또한 일과 관련한 스트레스나, 심지어 노동 시간조차도 책임과 급여에 비례하는 것으로 보인다. 이들 중 어떤 것도 일에 관한 불평을 멈추게 할 수는 없다. 그러나 당신의 인터넷 사용에 탭을 걸어 놓는 고용주는 당신이 잠깐 정신을 놓았을 때 손을 잘라가 버리는 기계와는 아주 다르다고 할 수 있다.

노동 조건의 개선을 기록하는 것은 충분히 쉬운 일이나, 이들을 수량화하고, 합하고, 가치를 매기는 일은 더 어렵다. 이러한 주제와 관련해서 연구보다 전해 내려오는 이야기가 많은 것은 그런 이유라고 할 수 있다. 다른 한편으로 노동 조건의 개선이 가져온 결과는 결코 사소하게 볼 수 없다. 노동 참여율이 선진국에서-특히, 여성의 경우-지속적으로 높은 것은, 효용 이론에 위배되는 것처럼 보이지만, 노동 조건이 대체로 양호하다거나, 경우에 따라서는 가사 노동의 경우보다 더 나은 경우도 있다는 점에 기인하는 바가 크다. 이 모든 것이 어떻게 가능하였는가 보니 그것은 연구해 볼 가치가 있는 시장적이고 비시장적인, 사적이고 공적인 측면을 갖춘, 그리고 체계적일 뿐 아니라 풍부한 극적인 요소를 갖춘 제도의 진화 때문이라는 생각이다. 분명히 정규화되지 못한 시장과 노동 조직의 장점과 한계에 관하여 논의할 때는 반드시 노동 조건이 개선되어 온 역사를 면밀히 살펴볼 필요가 있다.

2) 이야기

두 번째 사례로 이야기 하나를 해보려고 한다. 이는 스스로 위기에 빠진 거대 세계 권력의 경제에 관한 것이다. 어느 정도 대표성을 가지면서도 독립적이어야 하는 입법 기구의 존재에도 불구하고, 이 이야기에 등장하는 국가는 지독하게 한 계층만 선호하는 지도자가 본질적으로 이끌고 있다. 경제의 주요 통제권을 장악하고, 생산의 비노동 요소로부터 대부분의 소득이 발생하고 있으며, 전략적 요소와 이를 소유한 사람들 역시 임금이나 대중들의 소비에 대한 과세보다 적은 세금을 내고 있다.

정치적 영향과 재정 체제의 편의(bias)는 많은 경제학자들이 적극적으로 주장하거나, 적어도 암묵적으로 동의하는 이념에 의해 떠받혀졌다. 이들의 기본 신조는, 경제는 생산 시스템의 번영, 특히 잉여를 창출하고 투자를 고무시키는 능력에 거의 전적으로 의존한다는 것이다. 따라서 비록 더 부유한 쪽에 잉여의 대부분이 생긴다 하더라도 생산의 가장 중요한 요소에 세금을 부과하는 것은 옳지 않다는 것이다.

일부 계층에 대해 세금 걷기를 꺼리는–게다가 세금을 거두는 일이 매우 비효율적인-이 정권은 그러나 씀씀이는 과묵하지 않았다. 지지 계층에 대한 보조금은 정권의 정치 기반을 공고히 하였고, 심지어 별다른 실익이나 안보의 확보 없이 대외 군비 지출은 크게 늘었다. 흥미롭게도 깊은 인상을 남기지 못한 이 지도자는 (종교적 의미에서) 지배 이데올로기를 세웠던 전임자-바로 직전이 아닌 그 이전의 전임자-를 끌어들였다. 자신이 이룬 것보다 훨씬 더 카리스마가 있는 이 지도자의 이미지는 지금 정권의 정치적 '다리' 역할을 하였다.

최근에 진행된 상황을 보면 시스템의 불균형은 더욱 악화되었다. 물가의 상승, 노동 계층의 증가, 그리고 바다 건너 급속히 성장하는 라이벌 국가들과의 경쟁 격화 등은 임금 상승을 억제하였다. 사회적 불균형을 줄이거나 당장 필요한 개혁을 하려는 노력은 모두 이념적 저항과 재정 부족으로 제대로 시행되지 못하였다. 국가는 채무가 누적되면서 외국 은행에 우려스러울 만큼 의존하게 되었다.

이 이후의 이야기가 어떻게 전개될 것인가? 어느 시점에서인가 지속 가능할 수 없는 것은 지속 가능하지 못하게 될 것이다. 무슨 일이 있었는지 알겠는가? 필자가 조지 부시의 미국을 묘사한 것이라고 생각하였다면 오산이다. 사실 이 이야기는 18세기 말 앙시앵 레짐(ancien régime)의 프랑스 말기를 요약한 것이다. 토지를 소유한 귀족들은 적은 세금을 내면서도 물가와 지대의 상승으로 큰 이득을 얻고 있었고, 반면에 갈수록 많은 사람들은 오르지 않는 낮은 실질 임금과 유리(혹은 계급) 천정에 직면해 있었다. 중농주의자들은 토지야말로 부의 원천이므로 과세가 되어서는 안 된다고 주장하였다. 제네바 은행들로부터의 도움으로도 배를 똑바로 세울 수 없게 되자, 루이 16세는 1789년(1614년 이래 처음으로!) 삼부회(the Estate General)를 소집할 수밖에 없게 되었다.

그렇다고 지나치게 해석하지는 말자! 당시 식민지였던 미국이 하였던 역할을 지금의 이라크가 하고 있다고 하더라도, 아메드 칼라비를 벤자민 프랭클린과 동급으로 생각하고 싶지는 않다![아메드 칼라비는 이라크의 정치인으로 2003년 이라크 전쟁 당시 국회 의장을 지냈다.] 이렇게 비유를 해본 것은 재미 외에도 두 가지 의미를 가지고 있다. 현재의 일을 역사적 관점에서 바라볼 수도 있다는 것과 프랑스 혁명 발발 요인을 오늘날의 정치경제학적 도구를 이용해 분석해 보았다는 것이다. 사실 역사의 대사건을 예측한다는 것은 악명이 높다고 할 만큼 어렵거나, 혹은 오히려 너무 쉽기도 하다. 폴 새무얼슨이 언젠가 말하였듯이, 주식 시장은 지난 5번의 불경기 중 9번을 예측하였다. 그러니 이것은 예측이 아니라 연습인 셈이다.

3) 슬픈 추락, 그리고 꿈

끝으로, 주제를 바꾸어 평소에 그냥 지나칠 법한, 그러나 내게는 똑같이 걱정스러운 것에 관해 이야기해 보자. 도시의 기반 시설에 관한 이야기다. 이 주제는 도시화와 도시에 관한 나의 관심을 갤브레이스의 『풍요한 사회』 출간 50주년 기념일에 맞닿게 해준다. 그

사이 공공 지출이 경제 성장에 얼마나 긍정적 역할을 하는지에 관한 피터 린더트의 권위 있는 연구가 있었음에도 불구하고, '공공'과 '투자'라는 말은 여전히 나란히 배열하기에는 금기시되는 무엇인가가 존재한다.[8] 사실 공공 투자는 (건설 공사 등에서) 창출되는 일자리의 관점에서만 좋게 평가되어 왔을 뿐, 보통은 정치적 타협, 그리고 최근 들어서는 생색내기 등으로 가볍게 취급되어 왔다.

묘한 것은, 공공 투자를 말하기 꺼려하는 것이 대공황과 케인스 혁명에 어느 정도 그 연원이 있다는 점이다. 그 어려운 시절 공공 지출은 기회 비용이 0에 가깝다는 - 사실은, 음수라는 - 주장에 근거해서 정당화되었었다. 이 때문에 공공 부문의 산출과 그것이 생산성에 주는 잠재적 영향에 관한 우려는 묻혀 버렸다. '사회 간접 자본'(social overhead capital)이라는 용어는 발전론의 연구에만 한정적으로 사용되었고, 경제사학자들과는 아무런 관계가 없었다. 그건 그렇고, 출간 당시 경제학계에서는 냉대를 받았으나 일반 독자들에게는 많이 읽힌 갤브레이스의 책을 가지고 왔는데, 필자는 이 책을 읽고 전공을 엔지니어링에서 경제학으로 바꾸었을 만큼 큰 영향을 받았었다.

필자의 고향인 뉴욕 주의 트로이 시와 그 주변을 찍은 몇 장의 사진을 보면 그것이 항상 그렇지는 않다는 점이 보다 잘 이해될 것

8) 있는 그대로 말하자면, 이 섹션은 2007년 맨해튼 중심가의 대규모 증기 폭발 사건과 미니애폴리스의 교량 붕괴 사건이 있기 전에 쓰여졌다. 정말 삶은 예술을 모방하는가 보다. Galbraith, *Affluent Society*; and Lindert, *Growing Public*.

이다. 이들 사진은 19세기 말 혹은 20세기 초에 이들 북동부의 공장 타운에 세워진 몇몇 공공 건물과 준공공 건물이다. 이들 타운 사람들은 대부분 이민자와 그 후손들로 낮은 임금을 받고 교회 종에서부터 남자 셔츠의 분리형 목칼라와 소매에 이르기까지 온갖 것을 생산하던 제철소와 직물 공장에서 일하고 있었다. 어떻게 그렇게 가난한 사람들이 그렇게 커다란 프로젝트에 돈을 댈 수 있었을까? 분명한 것은 이들 건축물의 규모와 격조, 장식들이, 먼지투성이의 도시에서조차 사회 간접 자본에 얼마나 많은 시민적 자긍심을 심고자 하였던가를 잘 보여 준다.

과거의 영화를 보여 주는 사진과 나란히 현재 모습의 인근 도로 사진을 실었다. 오늘날 많은 사람들은 매년 겨울, 얼었다 녹았다를 반복하는 기후 풍토 때문에 도로가 파이는 일이 반복되는 것에 대해 불평을 하지만 여기서 그것이 이슈가 되지는 못한다. 지금 보게 될 이미지는 말 그대로 기반 시설의 반복적인 붕괴의 증거이며, 또한 수도관이 터지거나 전력 케이블이 망가져서 하루가 멀다 하고 파헤치는 공사의 증거이다. 그러나 전력 케이블, 케이블 TV선, 전화선 등은 대부분 바람과 얼음과 벼락을 맞는 지상에 설치되어 있다. 대부분의 옛 도시와 마찬가지로 트로이에서도 우리의 생활을 지속시켜 주는 주요 시설들은 만성적으로 쇠퇴하고 황폐하며, 부적절한 상태에 있다. 그렇지만 신속한 조치를 기대하기는 난망한 상태이다. 일인당 소득이 큰 폭으로 증가하였음에도, 도시의 모습을 결정하는 많은 건축물과 편의 시설은 차치하고라도, 가장 필요한 기반 시설에 대한 지출조차 줄어드는 것은 어찌된 일인가? 마지막 포인트: 이들 도시에서 포트홀 정치(pothole politics)가 만연되어 있기 때문에, 거리는 정기적으로 다시 포장되고 있으며, 이는 기반 시설이 얼마나 자주 손상되는가를 분명하게 보여 주는 것이다.

웅대함과 비참함 모두의 역사적이고 경제적인 기원은 제대로 연구해 볼 가치가 충분하다. 필자는 여기서 역사적으로 관찰된 하나의 사실을 가지고 이상적 해답을 제시해 보고자 한다. 분명하게 관찰된 사실은 우리가 과거에 비해 결코 더 작지 않은 정부를 가지고 있다는 점이다. 공공 지출은 절대적으로나 상대적으로 훨씬 더 늘었다. 그러나 우리는 현 세대는 대부분의 세금을 궁핍을 해결하거나, 장래에 대한 대비가 부족함으로써 발생하는 문제를 해결하는 데 써 버린다. 반면에 그들은 과거 세대는 국민의 어려움은 아랑곳하지 않고, 공공 지출이든 자선기금이든, 한정된 자원의 대부분을 교회, 도서관, 대학에서부터 법원과 시청사에 이르기까지 빌딩에 쏟아부었다. 그들은 우리보다 더 현명하였던 것인가, 아니면 일찍이 피라미드와 사원, 성당, 궁전 등과 같은 기념비적 건물을 지어 댔던 선조들처럼 단순히 국민들의 비참함에 무감각해져 있었던 것일까?

도로나 공공 설비의 문제를 어떻게 해결할 것인가? 필자가 줄곧 생각해 온 이상적 해결책은 도시의 거리에 대한 마셜 플랜, 말하자면 일종의 도심 속의 고속 도로(interstate highway)를 세우는 것이다. 여기에는 지상과 지하에 도로를 새로 건설하면서 최신식 관(管)들(물론 광섬유를 포함해서), 교통 흐름을 감시하면서 혼잡 통행료를 거두는 센서 등을 갖춘 조립 라인 시스템과 새로 건설된 보도에 세울 구조물들, 그리고 최소한의 시간으로 특수 공정과 장비를 잘 다룰 줄 아는 전문가들이 포함된다. 보스톤 빅 딕(Boston Big Dig)보스톤 시내를 관통하는 고속 도로를 터널로 만들었던 대형 프로젝트과는 달리 일종의 파이프 라인을 까는 것 정도로 보는 것이 더 나을지 모르겠다.

필자가 이런 구상을 설명하면서 이 프로그램이 장래에 있을지도 모르는 재정 위기에 대한 해결책 역시 제시하고 있다고 주장하면 사람들은 매우 놀라워한다. 그러나 경제적 논리는 충분히 명료하다: 이전 지출과 부양비(dependency ratio) 생산 가능 인구(15-65세)에 대한 15세 이하, 65세 이상 인구의 비율가 불가피하게 증가하는 데 대비하기 위해서는 도로 등에 쓰이는 여타 공공 지출의 필요성을 줄이는 한편, 미래의 생산성을 증가시킬 필요가 있다. 내구성 있는 사회 간접 자본에 투자하는 것은 이를 위한 거의 유일한 좋은 대안인 것이다.

이 모든 것이 콧대 센 정치경제학이라기보다는 하나의 동화처럼 들릴지 모르겠으나, 현재를 진행되고 있는 역사의 과정으로 바라본다면 무엇을 할 수 있을 것인가, 그리고 과거에 우리 스스로가 이러한 문제를 맞닥뜨렸다면 어떻게 하였을까를 생각하게 해주지 않을까 희망해 본다. 경제사학자들보다 이것을 더 잘할 수 있는 사람이 누가 있겠는가?

3 결론

서두에서 필자는 경제사가 겪고 있는 어려움이 경제사가 걸쳐 있는 다양성 때문이라고 하였다. 이는 역사 분야에 수량적 방법론이 도입되고, 또한 경제의 장기 성장에 대한 관심과 경제학의 발전에 따라 경제학과 경제사가 보다 가까워진 지난 20년의 결과라는 점을 부언해 두고자 한다. 예측 가능한 미래에 이들 패턴이 어떤 양상으로 나타날 것인지를 보여 주는 조짐 같은 것들이 있는가? 필자는 역사에 있어서뿐 아니라 경제학에서는 더더욱 이를 예측할 만한 특별한 능력은 없다. 그러나 감히 예측해 보자면 조심스럽게 '예'라고 생각한다. 영국의 한 경제사학자가 말하였듯이, 역사라는 학문은 어쩌면 그 '언어적 전환'(linguistic turn)으로부터 생겨난 것인지도 모른다.[9] 어디로의 전환인지에 대한 답은 다른 사람에게 맡겨 두자. 상대적으로 많은 관심을 받고 있는 세계사 분야를 보면, 사람이나 장소가 오랫동안 무시되거나, 혹은 주체가 아니라 객체로 취급되는 그런 걱정을 상상하기는 어렵다. 따라서 특별히 주목을 받지 않고도 생산 양식의 문제나 더 큰 경제 체제와의 만남, 그리고 동화라는 복잡한 과정을 잘 밟아 나갔다.

경제학 분야를 보자면, 행동경제학의 발달과 더불어 경제 이론

9) Tomlinson, "Twentieth Century Economic and Social History."

에 있어서도 현상을 보는 보다 다양한 방식들이 점차 자리를 잡기 시작하였다는 징후는 명확하다. 사실 경제사학자들은 그 동안 수학적 엄밀성 때문에 많은 것을 포기해야 하였던 경제학 이론의 본체를 더욱 풍부하게 만드는 데 중요한 기여를 해왔다. 우리는 지금, 물리학자와 생물학자들이 '발생'(emergence)이라고 부르는 조직화된 복잡성–이 용어는 로스토(W. Rostow)로부터 처음 들은 것으로 기억한다–의 비전에 접근하는 진화론적이고 체계적인 패러다임의 등장과 함께 보다 큰 변화의 문턱에 서 있는 듯하다. 경제와 같이 정보에 의해 영향을 많이 받는 체계는 자가생성과 복잡성의 증대 –이를 엔트로피가 떨어지는 개방 체계라 불러도 좋다– 의 측면과 관련해서 연구되어야 할 가장 자연스런 대상임이 필자에게는 직관적으로 분명해 보인다. 경론 의존성이라는 개념에서 명확하게 드러났듯이 이러한 패러다임에서 역사적 분석이 중요한 역할을 할 것이라는 점은 의심의 여지가 없다. 게다가 경제학자들도 마침내 생태학으로부터 심리학에 이르기까지 다른 영역에 손을 뻗치기 시작하였으므로, 경제사학자들이 오랫동안 역사학자들이나 인구학자들과 거래를 해온 것을 더 이상 딜레탕티즘(dilettantism)이라고 비난할 수는 없게 되었다.

그러나 한편으로는 당장 시급한 과제도 있다. 초반에 언급한 것과 같이, 공공 재정의 문제는 역사에 호소해야 할 실패가 아니라, 오히려 이른바 '조작된 역사'(made-up past)로부터 발생한 문제이다. 우리 현대인들은 신화와 동화로부터 벗어나 발전해 온 것으로 생각하고 있지만, 많은 사람들이 그러한 수사적으로 그럴 듯한 포인트를 만들기 위해 손에 닿는 것은 무엇이든 하릴없이 투자한 것이다. 우리는 오늘날 사회의 상태를 개탄하는가? 가족, 믿음, 공동체 등이 존중을 만들어 내고 안정이 덕이었던 전통적 가치로 대변되는 과거를 지어내고자 하는 유혹은 언제나 존재한다. 과거라는 것을, 냄새를 없애 주는 비누나, 법의과학, 혹은 낮은 세율 덕분에 탈출할 수 있었던 지옥이라고 생각하는 경우는 매우 드물다. 따라서 경제사학자들 -혹은 다른 분야의 역사학자들- 이 할 일은 그저 역사가 중요하다는 점을 상기시키기보다는, 현재에 대해 기대하는 만큼의 진실과 정확성을 역사에도 적용할 것을 주장해야 하는 것이다. 미국의 위대한 희극 배우인 로저스(Will Rogers)는 이렇게 말하였다. "많은 사람들의 문제는 그들이 무엇인가를 모른다는 것이 아니라, 사실이 아닌 것을 사실로 알고 있다는 것이다."

참고 문헌

Cameron, Rondo, "A New View of European Industrialization," *Economic History Review*, 38(1), February 1985, pp. 1-23.

Clark, Gregory, *A Farewell to Alms: A Brief Economic History of the World*, Princeton, NJ: Princeton University Press, 2007.

Fogel, Robert W., *Railroads and American Economic Growth: Essays in Econometric History*, Baltimore, MD: Johns Hopkins Press, 1964.

Galbraith, John Kenneth, *The Affluent Society*, Boston, MA: Houghton Mifflin, 1958.

Greif, Avner, *Institutions and the Path to the Modern Economy: Lessons from Medieval Trade*, Cambridge: Cambridge University Press, 2006.

Henderson, J. Vernon and Jacques-François Tisse, eds., *Cities and Geography*, Vol. 4 of *Handbook of Regional and Urban Economics*, Amsterdam: Elsevier, 2004.

Henry, Louis, *Anciennes familles genevoises: Etude démographique, XVI-XXème siecles*, Paris: Presses Universitaires de France, 1956.

Lindert, Peter, *Growing Public: Social Spending and Economic Growth since the Eighteenth Century*, Cambridge: Cambridge University Press, 2004.

Steckel, Richard H. and Roderick Floud, eds., *Health and Welfare during Industrialization*, Chicago: University of Chicago Press, 1997.

Tomlinson, Jim, "Twentieth Century Economic and Social History: A Case for Convergence?" in *Living Economic and Social History*, edited by Pat Hudson, Glasgow: Economic History Society, 2001, pp. 397-400.

A new economic view of American history의 서문

Susan Previant Lee and Peter Passell

이 글은 Susan Lee와 Peter Passell의 저서 초판에 실린 "서론"으로, 신경제사학의 방법론에 대한 자세한 설명을 담고 있어서 소개한다.

1 신경제사학의 방법론

이러한 부류의 책은 사기 진작을 위한 단합 대회의 학자적 버전으로 시작하는 것이 좋겠다. 문명을 옹호하는 데 있어서 중요한 분야의 몇몇 문장들, 이 모든 것을 가능하게 한 과거라는 거인의 손, 이러한 말만 들어도 그 일이 얼마나 이루기 어려운 것인지 짐작이 가겠지만, 그래도 그 보상은 막대할 것이다.

독자들이 또한 이 같은 머리말을 건너뛰거나, 기껏해야 속독 훈련 캠프에서 배운 기술을 써먹어 보는 대상으로 삼는다 해도 마찬가지로 그러려니 할 수밖에 없을 것이나. 동정할 만하다. 게임을 할 때와 같이 어떤 영감을 필요로 하는 사람들은 머리말에 그 같은 영감이 없다는 것을 경험을 통해서 이미 알고 있을 것이다. 이와는 대조적으로 동기 부여가 잘 된 사람들은 보통 강연장에 떠도는 감성적인 면에 점수를 주지 않는다. 적어도 단합 대회에서 악단은 "Hello Dolly"를 연주하고 차가운 캔맥주가 준비되기 마련이다.

더 깊은 이야기로 들어가기 전에 몇 페이지를 할애하는 데는 통상적이거나 현학적인 것 이상의 이유가 있다고 생각한다. 미국경제사는 한때 대단한 인기를 누리며 잘나갔지만 지금은 그 존재 자체가 위협받고 있을 만큼 부침이 심한 분야이다. 정치사적 혹은 사회사적 언어에 익숙한 독자들은 오늘날 경제사라는 학문 분야의 대부분의 연구에 체화되어 있는 전통과의 결별에 당황하거나 심지어

불쾌한 생각마저 들지 모르겠다. 경제사 저널들은 생산성 지수, 시뮬레이션 모형, 일치성을 갖춘 추정치 등으로 무장한, 그러나 읽기 쉬운 산문 스타일과 상식이라는 (놀라운) 딱지가 붙은 것들은 깡그리 무시한 외계인들에 의해 침략당하고 점령되어 왔다. 그리고 합리적인 사람이라면 응당 결론이 올 것으로 생각하는 논문의 끝에다가 저자들은 또 다른 라운드의 횡단면 자료 분석이나 민감성 분석에 관한 무엇인가를 제안하는 내용을 제시하고는 한다.

심지어 현대 경제학의 용어에 익숙한 독자들조차도 일련의 문화 충격을 면치 못할지 모르겠다. 접근 방법은 낯설지 않고, 가볍게 무장한 역사학자들을 재빨리 눌러버리고 승리를 선언한 것은 기분 좋은 일일 것이다. 그러나 그 동안 아무런 의심 없이 고이 간직해 온 첫 번째 원칙–소비와 생산의 동기에 관한 매운 단순한 가정, 단계별 연역적 추론의 실용적 가치, 통계적 가설 검정에 대한 의존성 등의 덕목–에 대한 게릴라식 반격은 결코 익숙해지기 쉽지 않을 것이다. 경제학자들에게 역사란 감사할 줄 모르는 원주민들로 가득한 통치 불가능한 식민지이거나, 저격수와 지뢰에 딱 알맞아 승리를 전혀 장담할 수 없는 지역쯤으로 여겨질지 모르겠다. 미국의 경제사가 어디에 있었고, 어디로 가고 있다고 저자들이 생각하는지를 간단히 소개하는 것은 아직 역사도 경제학도 시작하지 않은 학생들에게 일종의 충격 완화 장치 같은 역할을 할 것으로 믿는다.

2 미국경제사의 짧은 역사

미국에서 경제사를 지배하였다고 할 수 있는 어떤 통합된 전통도, 사상의 단일한 학파도 존재하지 않는다. 제1차 세계 대전 이전 몇 안 되는 학자들이 경제사와 같은 주제에 관심을 가졌고, 그들 중 또 일부가 경제사를 별도의 전공 분야로서 연구할 만한 가치가 있다고 생각하였다. 아이비리그 대학들 정도에 국한된 몇몇 역사학자들이 경제학에 대한 역사적 해제를 썼다. 여섯 남짓한 학자들－타우시그(Frank Taussig)의 『미국 관세의 역사』(*Tariff History of the United States*), 미첼(Wesley Mitchell)의 『그린백의 역사』(*History of the Greenback*), 듀이(David Dewey)의 『미국금융사』(*Financial History of the United States*) 등－의 저작이 오늘날까지 남아 있다. 그러나 1920년대가 되어서야 비슷한 관심과 목적을 갖춘 그룹이라고 할 만한 미국경제사학자들이 등장하였고, 그 당시까지도 '학파'라는 말을 쓰기는 여전히 민망한 수준이었다.

스펙트럼의 한쪽 끝에는, 사실 속으로는 정치사학자이거나 사회사학자인 경제사학자들이 있었다. 그들은 정치적 혹은 사회적 움직임의 근간에는 경제적 원인이 있었을 것이라는 믿음을 가지고 있었기 때문에 경제적 제도의 연구에 집중하였다. 비어드(Charles Beard)의 『미국 헌법의 경제적 해석』(*Economic Interpretatin of the Constitution of the United States*)은 이 같은 접근 방식의 대표적인 사례이다. 1913년 초판이 발행되었을 때, 미국의 헌법이 연합 헌장(the Articles of Confederation, 미국 독립 당시 13개 주가 함께 제정한 초기 형태의 헌법) 하의 정부 정책으로부터 재정적으로 위협받던 돈 많은 엘리트와 자산가들을 보호하기 위해 만들어졌다는 주장은 당시로서는 충격적이었다. 그는 (매리 비어드(Mary Beard)와 같이 한) 후기의 저작들을 통해 남북 전쟁의 원인과 영향에 관한 전통적인 해석에 도전하기도 하였다. 그는 남북 전쟁이 산업 자본주의와 봉건적 플랜테이션 농업 사이의 마지막 투쟁을 보여 준 것이라고 주장하였다. 비어드의 영향은 오늘날 정치사학자인 콜코(Gabriel Kolko)가 19세기 말 정부의 각종 규정을 대기업을 보호하기 위한 장치로 해석한 것이라든지, 윌리엄스(William A. Williams)가 미국식 제국주의의 경제적 기원에 관해 연구한 것 등에 고스란히 남아 있다.

관련된 경제사학자 그룹 중에는 예측 가능한 경제 발전의 단계에 역사적 경험을 매치시키는 데 몰두하였던 사람들도 있다. '단계'론자들 중 많은 사람들은 마르크스주의자로, 이들은 자신들의 정치 · 사회사에 대한 조사 연구를 마르크스가 예측한 봉건 농업 단계에서 공업 자본주의로의 역사적 진화, 그리고 그 결과로서의 노동자 혁명에 꿰맞추려 하였다. 물론 발전 단계를 사회 계층 간의 투쟁에 연계시키지 않고도 발전 단계론을 주장할 수는 있다. 슘페터(Joseph Schumpeter)는 민간 기업이 기술적 혁신을 할 능력을 잃는 순간 자본주의에 이어 등장하는 것이 사회주의라고 말하였다. 로스토(Walter Rostow)는 자신의 독특한 단계론을 가지고 마르크스의 주장에 반기를 들었다. 여기서 중요한 것은 어떤 특정한 형태의 경제 체제 하에서 어떤 사회 계층이 주도권을 가지고 있었는지를 찾아내는 것이 아니라 공업 발전을 촉발하고 지속되도록 한 요인이 무엇이었는가이었다. 로스토에게 급속한 성장은 철도나 면 공업과 같은 선도 산업의 등장에 따른 결과였던 것이다.

오늘날 많은 경제학자들은 단 하나의 이론을 가지고 여러 나라에서 진행된 경제 발전을 설명할 수 있을 것이라는 로스토의 주장을 별로 인정하지 않는다. 이는 미국과 유럽의 성장 과정에서 얻어진 데이터만 보더라도 금방 알 수 있다. 그러나 역사의 커다란 변화를 몇몇 단절된 단계로 설명하고 싶어하는 생각은, 마르크스주의자이건 아니건 여전한 듯하다.

보다 많은 경제사학자들은 역사를 큰 덩어리의 움직임보다는 미국만의 독특한 경험이라는 측면을 분리 연구하는 데 더 관심을 갖고 있다. 비어드식의 결정론자들이나 로스토와 같은 단계론자들과 달리, 그들은 경제 제도를 묘사하는 것-어떻게 은행 체제가 만들어졌는지, 공업이 어떻게 태동해서 성숙하였는지 등등-이 그 자체로서 연구의 종착점이다. 제도학파의 많은 경제사학자들은 기업 경영과 경영인에 대한 집중적 연구를 하기도 하였다: 게이츠(Paul Gates)는 일리노이 센트럴 레일로드 사를, 코크란(Thomas Cochran)은 팹스트 브류어리 사를, 포터(Kenneth Porter)는 John Jacob Astor를 연구하였다. 이들은 또한 경제의 모든 분야에 대해 일관된 묘사를 통해 엮어 내기도 하였다. 다소 한물 간 느낌은 들지만, 제도학파적 경제사는 살아남아서 여전히 건강하게 메사추세츠의 케임브리지에 살고 있다 - 이 분야에서 최고의 연구는 대부분 하버드대학에서 발행되는 *Business History Review*에 실리고 있다.

또 다른 연구 방법 - 제도학파적 입장과는 정반대인 - 은 역사를 통계를 통해서만 보는 것이다. 1920년대 이전에는 과거에 대한 수량적 정보가 너무 부족하거나, 있어도 제대로 정리가 되어 있지 않아서 이를 통해 무언가를 살펴본다는 것이 어려웠다. 소수의 학자들만이 관심과 능력, 혹은 인내심을 가지고 정부 기관이나 기업들에 축적된 원자료들을 살펴보고 무언가를 찾아내려고 노력하였다. 그리하여 역사가들은 1937년의 금융 공황과 이에 따른 불황이 있었다는 것은 알았지만, 당시의 불황이 다른 시기의 경기 침체와 비교하여 그 심각성이 어느 정도였는지를 특정할 수는 없었다. 또한 학자들은 19세기 말 농산물 가격 하락으로 농민들의 불만이 팽배해 있었다는 것은 알았지만, 이로 인해 농가의 소득이 얼마나 타격을 입었는지에 대해서는 구체적으로 측정할 수 없었다.

본래 통계 수치를 모으고 정리한 동기는 과거에 대한 호기심이 아니라 사적 데이터들이 긴급한 당면 과제를 푸는 데 꼭 필요하기 때문이었다. 경제학자들은 - 경제 활동에 있어서 미친 듯 반복되는 불황과 호황의 순환인 - 경기 순환의 원인을 규명하기 위해 자신들의 이론을 테스트해 볼 물가와 생산, 고용과 투자에 관한 자료를 필요로 하였다. 따라서 NBER(전미경제연구소)나, 보다 나중에 설립된 국제물가사(物價史)위원회 같은 단체는 모두 민간 재단으로부터 자금 지원을 받아 만들어졌다. 초기에 수량 데이터를 모으고 분석한 사람들로는 미첼, 콜(Arthur Cole), 베리(Thomas Berry), 그리고 베잔슨(Anne Bezanson) 등이 있다. 이들의 연구 덕분에 오늘날 우리가 당연한 것으로 여기는 미국의 복잡한 국민 계정 같은 것들이 만들어질 수 있었다. 비록 역사의 원자료를 이용 가능한 통계 자료로 변환시키는 힘든 작업 자체는 별로 알아 주는 이가 없었지만, 이러한 작업은 매우 중요해서 아직도 소수로부터이기는 하지만 높게 평가를 받고 있다. 수량 데이터로 연구한 많은 사람들 가운데 유일하게 노벨상을 받은 경제사학자가 바로 쿠즈네츠(Simon Kuznets)였다.

이상에서 분명히 알 수 있듯이, 이들 경제사학자 그룹들-제도주의자들, 단계론자들, 경제 결정론자들, 계량사학자들-은 특정한 주제나 사안에 대해 다양한 관점과 방법론을 가지고 접근하려고 하였다는 점이다. 어떤 이들은 자신들의 방법론 이외에는 유용한 경제사 방법론이 아니라고 하고, 다른 이들은 과거에 관한 자신들의 연구가 경제 발전론이나 사회사로 분류되어야지 경제사로 분류되어서는 안 된다고 주장하기도 하였다. 경제사 분야의 전문 학술지들은 온통 제도주의자들 판이었다. 경제학과 역사학의 주류 저널들은 대부분 경제사를, 지루하기 짝이 없는-마침 그녀의 생일이라 생각나서 예의상 가족 행사에 초대된, 그렇지 않았다면 아무도 부르지 않았을-대고모할머니 정도로 취급해 왔다.

그러나 1950년대 모든 것이 한꺼번에 바뀌었다. 변화의 이정표는 1958년 JPE(*Journal of Political Economy*)에 실린 한 논문이었다. 콘래드(Alfred Conrad)와 메이어(John Meyer) 등 두 경제학자는 남북 전쟁 직전 노예제의 수익성에 관한 추정치를 논문으로 발표하였다.[1] 이 논문은 결론보다도 결론을 도출한 연구 방법론이 훨씬 더 놀라운 그런 논문이었다. 노예 소유주들의 목적이나 관념을 직접적으로 검토하거나, 각 플랜테이션의 회계 장부를 살펴보거나, 혹은 노예 소유주들이 일하기 싫어하는 노예를 어떻게 일하도록 강제하였는지를 평가하는 등의 전통적 역사 연구의 방법론을 이용하지 않고, 콘래드와 메이어는 문제를 추론의 방식으로 접근하였다. 만일 알고자 한 것이 노예에 대한 일반적인 투자가 이익을 냈는지 여부라면, 노예제의 수익성 문제는 불도저나 TV 게임 쇼 회사, 혹은 점보 제트기에 대한 투자의 수익성과 같은 차원의 문제가 되는 것이다. 노예에 지출된 현금에 대한 수익이 다른 대체 투자 수단으로부터의 수익과 적어도 같다면 노예제는 수익성이 있다고 말할 수 있다. 수익을 계산하는 데 필요한 개념과 방법은 경제학 이론을 적용한다. 농업 생산 조건에 관한 이론적 가정이라는 필터를 통해 걸러진 역사적 데이터는 분석의 원재료가 된다. 카운티 법원의 먼지 쌓인 도서관을 뒤지지 않아도 되고, 노예 소유주들이 어떤 생각을 가지고 경제 활동을 하였는지 따위는 알 필요도 없다. 콘래드와 메이어는 경제사에서 하나의 혁명을 시작하였던 것이다. 그것은 다름 아닌, 노예제를 둘러싼 논란에서 기술적으로 분석 가능한 이슈를 분리해 내고,

1) "The Economics of Slavery in the Antebellum South," *Journal of Political Economy*, 66, April 1958.

완전히 기술적 방법론을 적용함으로써 해답을 찾아낸 것이었다.

콘래드와 메이어가 아니었으면 사실상 이러한 방법론이 불가능하였을지, 혹은 그들의 방법론이 마침 때가 무르익은 시점에서 하나의 아이디어로 제시되었는지는 모를 일이다. 물론 그게 중요한 것도 아니다. 중요한 것은 경제사학자들이 이러한 변화에 대한 반응이다. 콘래드와 메이어의 발표 이후 경제사에 그들의 연구 방법을 적용한 책과 논문들이, 처음에는 물방울들이었다가 해를 거듭할수록 홍수를 이루었다. 처음에 이러한 책이나 논문을 썼던 것은 주로 경제학 이론과 통계학의 기술적 분석 방법에 정통한 경제학자들이었다. 그러던 것이 오늘날에는 경제학자나 역사학자들이 서로의 분야에 대해 기술적으로 많은 것들을 배우면서 점차 균형을 이루어가게 되었다.

초기에 이런 연구를 하던 사람들을 'Cliometricians' -클리오(Clio)는 역사의 여신-이라고 불렀지만, 그렇다고 이들이 제도학파 역사학자들과 단순히 수량적 혹은 측정의 문제에 관심을 가졌다는 점에서만 차이가 있었다는 것은 아니다. 휴스(John Hughes)가 마침내, 묘사력은 떨어지지만 훨씬 더 오래 살아남은 '신경제사학'(New Economic History)이라는 용어를 만들어 냈다. 오늘날 모든 경제사학자들이 스스로를 신경제사학자라고 내세우지는 않는다. 그렇지만 경제사에 조금이라도 관심이 있는 사람이라면 신경제사학이 끼친 영향과 이루어 낸 업적을 무시할 수 없을 것이다.

3 신경제사학: 도대체 무엇인가?

신경제사학은 정확한 정의가 없다. 미국 상원이나 미국의학협회와 같이 공식적인 회원의 자격 요건도 없고, 지원자의 능력을 평가할 공식적인 사정 위원회도 없다. 경제사학자들도 무엇이 신경제사학을 특별하게 하는지에 대해서는 의견이 갈린다. 그렇지만 이전의 경제사 방법론과 구별되는 신경제사학의 몇 가지 특성을 분리해 내는 것은 여전히 가능한 것 같다.

1) 경제 이론의 명시적 적용

자연 과학에서의 연구 관행에 따라 신경제사학에서도 알려진 사실들(데이터)과 그러한 사건들이 일어나도록 하는 원인이 어떤 시스템 하에서 작동하는지(모형) 사이의 일관성에 대해 테스트한다. 예를 들어, 한 연구자는 1830년대의 호황과 인플레이션은, 민간 은행들의 대출을 제한하는 힘을 가지고 있던 미합중국은행(the Bank of the United States: BUS)의 허가 연장을 불허하였던 잭슨(Andrew Jackson) 대통령의 악명 높은 비토에 의해 촉발되었다는 가설을 검토하였다. 본래 역사학자들은 은행 비토와 인플레이션 사이의 인과적 관계에 대해, 당시의 호황과 인플레이션은 BUS의 거세라는 사건 끝에 발생하였다는 사실에 근거하고 있다. 그러나 이러한 추론이 맞다면 경

제 이론에 근거해 볼 때, 민간 은행들은 대출 대 보유금의 비율이 증가하였어야 한다.[2)]

또 다른 연구 예로는 19세기 미국 농장에서 곡물 수확기가 보급되는 시간 과정에 관한 것이다. 그의 가정에 따르면 곡물 수확기는, 에이커당 기계 사용에 따른 비용이 손으로 수확할 때 드는 비용보다 낮아지게 되면 채택될 것이라는 가설을 세웠다. 수확과 관련한 비용은 임금, 기계의 가격, 그리고 농장의 규모에 의해서 결정되기 때문에, 적절한 데이터를 모아 분석해 보면 그 연구자의 논리가 사실에 부합하는지 평가해 볼 수 있을 것이다.[3)]

명시적 가설 검정은 특정한 사안이 어떻게 작동하는지를 파악하는 가장 효율적 방법이기 때문에 과학적 방법론의 핵심이다. 여기서 분명하게 적시된 이론은 가설을 확인하거나 반박하기 위해 필요한 데이터의 크기를 최소화함으로써 시간과 비용을 절감할 수 있게 해준다. 솔직히 말하면 비록 실제 연구에 있어서 어떤 가설이 옳은지를 증명하는 것은 가능하지 않을지 모르지만, 이론을 명시적으로 사용하게 되면 경합하는 논리를 배제시킬 수 있는 테스트를 설계하는 데 도움이 될 수 있다. 따라서 경제 이론은 앞에서 언급한 바

2) 자세한 내용은 본서 제6장 내용을 참조. 당시 민간의 주법 은행들은 보유한 금의 규모에 따라 일정 비율만큼 대출을 함으로써 건전성을 유지하였는데, BUS의 통제가 사라짐으로써 보유금보다 많은 대출을 하게 되고 이로 인해 붐과 인플레이션이 발생하였다면, 대출과 보유금 사이의 비율이 높아졌어야 한다는 논리이다. 그러나 신경제사학자들이 이들과 관련한 데이터를 검토해 보니 그 비율은 높아지지 않았다.-역자 주

3) 본서 제7장을 참조. 이러한 주장을 편 학자는 Paul David, "The Mechanization of Reaping in the Antebellum Midwest," in *Technical Choice, Innovation and Economic Growth*, Cambridge University, 1975.-역자 주

와 같은, 1830년대의 붐에 대한 종래의 표준적 '뱅크 워'(Bank War)식 설명과 국제 자본 이동에 따른 설명을 직접 비교할 수 있게 해준다. 또한 상대적 비용의 차이에 따른 곡물 수확기의 보급에 관한 새로운 설명은 경합하는 이론 – 서부가 기계식 수확에 더 적합한 조건을 가지고 있었다든가, 기술적으로 앞선 농업 기술에 대해 농민들의 태도가 서서히 긍정적으로 변하였다는 식의 논리 – 을 반박하는 데 유용하다고 할 수 있다.[4)]

과학적 연구의 엄밀성으로 인해 상식적 용어에 의해 서술된 주장이 혼란에 빠지는 것으로 나타날 때, 경제학적 방법론에 정통하지 못한 역사학자들은 종종 이론을 들먹거리는 설명에 당황하고는 한다. 자명한 것을 과장해서 보여 주는 경우가 사회과학에서는 흔하다는 것이다. 경제학자는 역사학자의 산문을 오염시킬 수밖에 없단 말인가?

그러나 전통적인 역사 관련 저작들을 찬찬히 살펴보면 똑같은 정도로 이론에 의지하고 있음을 알 수 있다. 그들은 단지 자기들의 역사적 주장이라는 카펫 아래 이론을 깔고 있을 뿐이다. 사실상 분석적인 어떤 역사적 서술도 – "철도 화물 수송 요금의 인하는 서부 지역의 농업 발전에 자극이 되었다"라든가, "뉴딜의 재정 정책이 대공황을 단축시켰다" 등 – 이론적 틀을 전제로 한 것이다. 어떤 때

4) 노예제를 둘러싼 심각한 논쟁에서도 알 수 있듯이, 공식적인 이론에 기댄다고 해서 경제사가 곧바로 정확한 과학이 되는 것은 아니다. 그러나 독자들은 컨텍스트의 명시적 이론화를 통해 무언가 얻을 만한 장점이 있음을 깨닫게 될 것으로 본다.

는 암묵적으로 적용된 이론이 너무 명백해서 따로 설명할 필요도 없을 정도이다. 사실, 어떤 주장의 전제가 되는 모든 이론을 분명하게 드러내는 것은 노력의 낭비일 수도 있다.

그러나 '이론 없는' 역사는 잘못된 길로 들어설 수 있다. 포겔(Robert Fogel)은 이론을 명시적으로 적용함으로써 오류를 바로잡은 예가 될 수 있다. 그는 노예제가 남부의 경제 성장에 미친 영향에 관한 지노비즈(Eugene Genovese)의 주장을 검토하였다.[5] 지노비즈는 노예제 때문에 공산품 시장의 규모가 작을 수밖에 없었고 이것이 남부의 공업 발전을 지체시켰다는 주장을 폈다. 시장 규모가 작다는 것은 남부의 기업들에게는 비용이 높아지는 것을 의미하며, 따라서 북부의 기업들과 치명적인 경쟁에 노출되는 것을 뜻한다는 것이다.

지노비즈의 주장은 그럴 듯하다. 그러나 포겔이 지적하였듯이, 그의 직선적인 주장 이면에는 수만 가지의 이론적 가정이 있으며, 만일 그의 주장이 성립하려면 이 모든 가정이 다 충족되어야 한다. 우선 첫째로 지노비즈는 노예제가 없었다면 남부의 공산품에 대한 수요가 증가하였을 수 있다는 점을 가정하고 있다. 이와 아울러 자유 노동자들은 노예들과는 다른 무엇인가를 소비하였을 것이라는 또 다른 부수적인 가정을 하고 있는 것이다. 둘째로, 남부의 기업들은 생산 비용을 줄여 나가는 과정에 있었으며, 만일 시장이 더 컸더라면 단위당 생산 비용을 더욱 줄일 수 있었을 것이라는 점을 가정

5) Robert Fogel, "The Specification Problem in Economic History," *Journal of Economic History*, 27, Sept. 1967.

하고 있다. 셋째, 지노비즈는 북부 기업들의 경쟁력이라는 것이 보잘 것 없는 상태라서 남부 기업들이 조금만 더 넓은 시장을 상대로 생산을 하였더라면 쉽게 극복할 수 있다고 가정하고 있다.

지노비즈의 이 같은 일련의 가정, 남부 시장 경제가 어떻게 작동하고 있었는지에 관한 그의 모형은 옳을 수도, 옳지 않을 수도 있다. 다만 이러한 가정들이 그의 주장에 암묵적으로만 남아 있게 되면, 그 주장의 유효성에 관한 논쟁은 더욱 혼란스러워지게 되고, 해결의 희망은 보이지 않을 것이다.

2) 반사실적 가설

역사에 명시적 이론을 기꺼이 적용할 여지가 있다고 믿는 많은 학자들 사이에서도 신경제사학의 또 다른 혁신적 방법론에 대해서는 쉽사리 마음을 열지 않는다: 반사실적 가설이 그것이다. 반사실적 가설(the counterfactual hypothesis)을 세운다는 것은 실제로 일어났던 일에 대해, 마치 그 일이 일어나지 않았던 척하고 그럴 경우 세상이 어떻게 달라졌을까를 물어 봄으로써 그 중요성의 정도를 측정해 보려는 것이다. 18세기 아프리카로부터 노예를 수입한 것이 19세기 초 면화 플랜테이션을 촉발한 직접적인 요인인가? 신경제사학자라면 이 질문을 다르게 표현할 수 있다. 노예가 수입되지 않았더라도, 다른 요인들 – 면화 재배나 면직물의 생산 기술, 국제 교역의 제한 등등 – 은 변함이 없다고 할 때, 남부에서 면화 플랜테이션은 여전히 성장하였을까?

아마도 반사실적 가설의 가장 잘 알려진 사례로는 철도가 미국 경제 성장에 얼마나 기여하였는가를 분석한 포겔의 연구를 꼽을 수 있다.[6] 포겔은 수로나 왜건과 같은 수송 수단을 가지고 똑같은 서비스를 제공하려면 어느 정도의 추가 비용이 들어갈지를 추정함으로써 철도 서비스의 순가치를 측정하였다. 그러나 반사실적 실험은 많은 다른 논문이나 책에서도 찾아볼 수 있다. 예를 들면, 골든(Claudia Golden)은 남북 전쟁이 없었다면 경제 성장이 어떻게 되었을지를 추정함으로써 남북 전쟁의 경제적 비용을 측정하였다.[7] 토머스(Robert Thomas)는 내영제국이 식민지 교역에 대해 아무런 제약을 가하지 않았을 경우 미국의 소득이 어떻게 되었을까를 추정함으로써, 영국의 식민 정책이 초래한 비용과 편익을 측정하였다.[8] 브라운(E. Cary Brown)은 실제 정책의 성과와 가상적인 중립적 재정 정책의 효과를 비교함으로써, 뉴딜 재정 정책의 효과를 측정하였다.[9]

반사실적 역사에 대한 반대는 일어나지도 않았던 일의 효과를 증명하는 것 자체가 불가능하다는 데 근거하고 있다. 전통적 역사학자 레들리히(Fritz Redlich)는 반사실적 연구의 결과들을 '유사 역사'(quasi-history)라고 부른다. 레들리히는 "[반사실적] 모형은 어떤 면에서도 역사일 수 없다. 왜냐하면 그것은 추측이고 … 실제 상황의 왜곡

6) 본서 제13장 참조.
7) 본서 제11장 참조.
8) 본서 제2장 참조.
9) 본서 제16장 참조.

이기 때문이다. … 만일 우리가 이를 역사로 받아들이다면 그것은 나쁜 역사가 될 것이다. …"[10]

이에 대한 반론으로 신경제사학자들은 과거의 사건을 분석하려는 사실상 어떤 시도도 실제 일어났던 일과 가상적인 다른 상황을 비교하는 내용을 포함하고 있다고 주장한다. 1929-1931년 연방준비제도(FED)의 엄청난 정책 실패가 실업이 극적으로 늘어나는 데 원인이 되었던가? 이 질문에 대한 해답은 만일 FED가 보다 현명한 정책을 썼더라면 무슨 일이 벌어졌을 것인가에 달려 있다. 루스벨트(Teddy Roosevelt)의 반트러스트 정책으로 공업 생산의 대기업 집중이 좀 더 늦추어졌던가? 이러한 정책이 없었을 경우 어떤 일이 벌어졌을지 모른다면 이 질문에 대한 답은 결코 알 수 없을 것이다.

암묵적으로 반사실적 가정을 하는 것에 비해 명시적으로 반사실적 가정을 하는 역사의 장점은 분석자로 하여금 가설적 대안을 보다 분명하게 만들 것을 강제한다는 점이다. 명시적 반대 가설은 취약한 가정이나 표면 아래 잠겨 있는 오류 가능한 추론을 드러나게 함으로써, 역사 분석을 비판에 노출시켜 개선될 수 있도록 해준다. 따라서 포겔은 운하 운용 비용이나 철도가 없을 때 재고 비축에 따른 비용의 추정에 대해 비판을 받을 수도 있다. 더욱 중요한 것은 철도가 없을 경우 경제에 미치는 영향은 예상하지 못한 다양한 방면에서 나타날 수 있기 때문에, 포겔의 포괄적인 반사실적 실험의

10) Fritz Redlich, "New and Traditional Approaches to Economic History and Their Interdependence," *Journal of Economic History*, 25 (Dec. 1965).

가치에 대해 의문을 제기하는 비평가들도 많다는 것이다. 이러한 비평과 심각한 의문은 '증명된' 철도가 19세기 말 주요 경제 이벤트였다는 수많은 견해 아래 조용히 묻혀, 정의되지도 못한 채 남아 있을 수도 있었던 것이다.

포겔의 시도가 제대로 된 것인지 어떤지는 몰라도, 이러한 방법론을 옹호하는 사람들은 그들의 접근 방식에 점수를 주려고 한다. 반사실적 역사는, 암묵적이든 명시적이든, 대안이 얼마나 합리적 가능성이 있는지에 성공 여부가 달려 있다. 아무리 그렇지만 적어도 명시적 반대 가설은, 보다 전통적인 방법으로 똑같은 가정을 제시하면 독자들이 놓치기 쉬운 경우에도 분석의 약점을 극적으로 드러나게 해준다.

3) 수(數)의 정교한 이용

Journal of Economic History(JEH)에 실린 논문들을 가볍게 훑어 보기만 해도 분명해지는 것은 신경제사학이 역사적 의미를 해석하기 위해 통계학적이고 수리적 방법론에 의존한다는 것이다. 수에 대한 관심은 경제사에 있어서 완전히 새로운 것은 아니다. 앞서도 언급하였듯이 경제학자들은 수십 년에 걸쳐 미국 경제에 관한 데이터를 수집해 왔다. 새로운 것은 경제사에서 사실을 기술하기 위해서가 아니라 가설 검정을 위해 데이터를 사용한다는 것이고, 데이터 수집 과정이 복잡 정교해졌다는 것이고, 그리고 엄밀한 통계적 추론

을 위해 컴퓨터 기술에 대한 의존성이 높아진 것이다.

신경제사학은 명백하게 분석적이다. 사건에 대한 기술보다는 그 사건이 왜 발생하였는가에 초점을 맞춘다. 따라서 분석 과정에서 연구자들이, 시간 순서를 잘 보여 주기 위한 통계로부터 가설을 확인하거나 반박하기 위한 통계로 초점을 바꾸는 등 데이터를 다르게 보는 것은 자연스럽다.

예를 들어 보면 차이가 명확해질 것이다. 남북 전쟁 이전 뉴잉글랜드 지역에서 면직물 제조업이 발전한 것을 분석하려면 당연히 총생산에 관한 통계, 아마도 지역별로 세분된 통계가 필요할 것이다. 그러나 왜 면직물 공업이 노스 캐롤라이나가 아니라 매사추세츠에 정착하게 되었는지, 또 왜 미국의 생산자들이 한때는 영국과의 경쟁에서 굴복하였지만 다른 시기에 홀로서기를 할 수 있었는지, 혹은 대규모 공장이 소규모 공장에 비해 더 효율적인지 등을 알고 싶다면, 많은 개별 공장들의 생산과 비용에 관한 데이터가 필요할 것이다. 이는 가설을 확인하거나 반박하기 위해 수리적, 통계적 방법이 사용되기 때문이다. 더 많은 데이터가 이용 가능해질수록 결론에 영향을 줄 통계 수치의 오류 가능성은 걱정할 필요가 없을 만큼 줄어들고, 동일한 역사적 사안을 놓고 경합하는 해석들 간에 어떤 차이가 있는지를 확인하는 것은 더 쉬워질 것이다.

통계의 정확성은 이를 활용하는 역사학자들에게 언제나 중요한 문제였지만, 가설을 검정해야 할 필요가 점증하는 상황에서 연구자들은 더 좋은 데이터를 찾기 위해 보다 정교해질 필요가 있고,

발굴한 데이터에 대해 보다 비판적 시각으로 바라볼 필요가 있다. 실증 분석에 치중하는 다른 사회 과학자들과 마찬가지로 신경제사학자들도 찾아낸 사실들을 어떻게 결합해 낼 것인지에 대해 특별한 책임 의식을 가져야 한다. 왜냐하면 그들의 방법론이라는 것이 연구의 생산자와 수요자 사이에 또 다른 장벽을 쌓고 있기 때문이다. 독자는 통계 처리의 바탕에 깔려 있는 데이터의 질을 믿을 수 있어야 하는 것이다.

그러나 현재의 문제를 다루는 사회 과학자들과는 달리 경제사학자들은 데이터 수집 과정에서 어떤 역할을 하기가 어렵다. 노동성의 통계학자들은 매달 실업에 관한 조사를 하면서, 질문을 추가하거나 혹은 말투를 수정하고, 인터뷰하는 대상자를 바꾸기도 한다. 이에 비해 역사학자들은 과거에 시행된 조사를 그대로 따를 수밖에 없고, 기껏해야 지역의 역사 단체나 카운티 법원에서 이용 가능한 자료를 얻을 수 있는 정도이다.

따라서 훌륭한 경제사학자들이 (1) 자신들의 데이터에 대해 질적 우수성을 확인한 것, (2) 빈약한 (혹은 존재하지 않는) 데이터에 대해 그 대안을 찾아 놓은 것은 높이 평가할 만하다. 데이터의 질을 일정 수준으로 유지하기 위해서는 표본 추출법이 과학적이어야 할 뿐 아니라 연구자가 개인적으로 많은 노력을 기울여야 한다. 빈약한 데이터에 대한 대안은 종종 허리띠 졸라매기를 연습하는 것과 마찬가지이다. 즉, 신중하게 선택된 몇 가지 가정이 분석의 가치를 파괴시키지 않고 부족한 데이터의 갭을 채울 수 있을 때, 이론으로 사실을 대체함으로써 효율성을 확보하는 것이고, 아주 적은 양의 정보로부터도 추론을 가능하게 해주는 현대적 통계 기법을 채택하는 것이 그것이다.

최고의 수와 그로부터 진실을 짜내기 위한 가장 정교한 기술은 종종 컴퓨터 없이는 무용지물인 경우가 많다. 컴퓨터는 지난 20년간 자연 과학과 사회 과학 모두의 얼굴을 바꿔버림으로써, 연구자들로 하여금 기계식 계산기와의 넋 빠지는 한 판 승부를 말 그대로 순식간에 계산해 버리는 괴력으로 대체시킬 수 있게 해주었다. 많은 경우, 그 동안 계산에 수년의 시간이 걸려서 사실상 해법을 찾지 못하였던 문제들이 이제는 2, 3분이면 깔끔하게 마무리할 수 있게 되었다.

특히, 컴퓨터는 경제사학자들로 하여금 수많은 사실의 집합체로부터 복잡한 추론을 이끌어 내는 것을 가능하게 해주었다. 예를 들면, 라이트(Gavin Wright)는 남부 지역에서 면화의 가격에 영향을 주었을 것으로 보이는 12개가 넘는 변수들 사이의 관계를 테스트할 수 있었다.[11] 컴퓨터는 또한 라이트로 하여금, 추정된 면화 시장 모형을 가지고 통제된 실험을 수행해 존재하지도 않는 세계를 수학적으로 시뮬레이트함으로써 경제 발전에 대한 정부 정책의 효과를 시험해 볼 수 있게 해주었다. 데카니오(DeCanio)와 모키어(Mokyr)는 예상하지 못한 남북 전쟁기의 인플레이션이 노동자들의 생활 수준에

11) Gavin Wright, "An Econometric Study of Cotton Production and Trade 1830-60," *Review of Economics and Statistics*, 53 (May 1971).

미친 영향을 분리해 냄으로써, 19세기 임금률을 결정하였던 요인들을 찾아낼 수 있었다.[12)]

4) 새로운 주제에 초점 두기

신경제사학을 연구하는 대부분의 연구자들은 자신들의 연구가 기존의 경제사 연구와 다른 점은 연구 주제라기보다는 방법론이라고 말한다. 신경제사학자들 스스로의 말에 따르면, 자신들은 경제학 내의 다른 전공으로부터 이론과 분석 방법을 빌려 옴으로써 단순히 '도구 상자'(tool kit)를 확대시킨 것에 불과하며, 무엇을 분석하려고 선택했는지는 단순히 개인적인 관심 사안일 뿐이라는 것이다.

그러나 개인적인 관심사는 훈련에 의해 만들어질 수 있는 것이며 신경제사학자들이 가지고 있는 분석 스킬은 어느 특정 분야의 연구에 더 적합하다고 볼 수 있다. 신경제사학이 현대 경제학의 방법론뿐 아니라 특별한 관심 분야를 차용했음을 알 수 있는 예가 있다. 신경제사학의 연구에 있어서 가장 큰 변화는 제도에 대한 관심에서 경제 발전에 대한 설명으로 연구의 중심이 옮겨 갔다는 것이다. 성장의 근원을 밝히려는 경제 발전론은 현대 경제학의 가장 중요한 관심사 가운데 하나이다. 신경제사학자들은 경제 발전론을 과거, 특히 위대한 변혁의 시기였던 19세기로 연장시켰던 것이다.

12) 본서 제11장 참조.

따라서 신경제사학의 많은 연구는 어떻게 성장이 일어났던가에 관한 것이다. 노동 생산성을 향상시킨 요인은 무엇인가? 경제적 분파주의가 어떻게 성장을 촉진 혹은 지연시켰는가? 기술 변화의 속도를 결정하는 것은 무엇이었는가? 정부의 행위가 산출에 어떻게 영향을 미치는가? 쉽사리 계량화되기 어려운 문제들, 예를 들어 기업가 정신, 노사 간의 힘겨루기, 정치학과 경제학 사이의 관계 따위의 문제에 대한 연구는 비중이 떨어지게 되었다.

4 신경제사학: 역사학자에게 주는 의미는?

아주 최근까지도 위의 질문에 대해 역사학자들의 대답은 의심의 여지도 없이 "별로 없다"는 것이다. 역사학자들에게 신경제사학자들은 역사를 모르고 역사를 연구하려는 적, 사기꾼 혹은 기회주의자로 비추어져 왔다. 방정식에 쓰이는 그리스 문자들과 회귀 분석 따위는 인쇄해 놓으면 그럴듯해 보인다. 앤드류 카네기(Andrew Carnegie)가 어째서 성공할 수 있었고, 포퓰리스트들의 개혁은 무엇 때문에 실패했는지가 무슨 대수란 말인가 …? 경제학자와 역사학자들 사이의 갈등은 여전히 남아 있다. 많은 경제학자들은 여전히 컴퓨터 프로그램에 매달려서 '신 포도'를 이야기하고, 많은 역사학자들은 여전히 인문학 교육을 통해서만 역사적 진실에 충실히 다가설 수 있음을 주장한다. 그러나 많은 경우에 그러한 구분은 더 이상 의미가 없어 보인다.

신경제사학은 전통적인 제도주의적 경제사에 대해 대체재라기보다는 보완재인 것이다. 앤드류 카네기가 자본 시장을 조작하였다거나 이민 노동자를 착취한 것, 혹은 정치적 과정을 타락시키는 데 일조하였던 것 등은 당시 철강 산업에서 생산성 향상에 기여한 요인들이 무엇인지를 알았을 때 보다 흥미로웠지, 그 흥미가 감소하지는 않는다. 포퓰리스트 운동의 정치경제학은 농산물 가격의 하락이 채무 농가에 어떤 영향을 주었는지 이해할 때 더 중요한 의미를 가지게 된다.[13)]

마찬가지로 신경제사학은 정치사학자 혹은 사회사학자들에게 어떤 위협도 제기하지 않는다. 오늘날 정치적 혹은 사회적 변화가 진공 상태에서 연구될 수 있다고 생각하는 역사가는 거의 없다. 최근의 연구들을 보면 그 같은 상호 의존성이 두드러진다. 신경제사학자들은 노예제가 흑인 문화에 미친 영향, 지역 분파주의의 경제적 근원, 사회 계층 이동의 기회, 그리고 뉴딜 복지 정책의 이면에 있는 정치적 동기 등 다양한 주제에 있어서 전통적 해석에 이의를 제기해 왔다. 신경제사학이 제기하였던 모든 적대적 감정에도 불구하고 역사 연구에 도움이 되었던 것만은 분명해 보인다. 컴퓨터를 무기로 휘두르는 침략자에게 아직 설득당하지 않은 사람들을 포함

13) 본서 제14장 참조.

해 역사학자들은 더 나은 사회 과학자가 되어 가고 있다. 결과적으로 경제학자들도 조금의 역사와 심지어 조금의 겸손을 배우고 있다.

5 신경제사학: 경제학자에게 주는 의미는?

이 질문은 어쩌면 좀 생소하게 들릴지 모르겠다. 왜냐하면 제도주의적 경제사학에 대한 공격을 주도하고 인문학에 대해 종종 제국적 승리를 선언했던 사람들이 바로 경제학자들이기 때문이다. 그러나 상당수의 경제학자들은 여전히 학문에 있어서 제국적 승리 따위를 인정하지 않고 있고, 경제사를 연구하는 동료들을 밖에서 역사학자(혹은 정치학자나 여타의 사회 과학자)를 가르치려는 사람으로 생각하기보다는 같은 분야를 연구하는 동료로 생각하려고 하는 모습을 보인다. 이러한 경제사의 르네상스에도 불구하고 전문가적 입맛을 만들고 따르는 일반 경제학 저널들은 경제사 분야의 연구를 여전히 무시하고 있다.

맥클로스키(Deirdre McCloskey)는 경제학자들이 물리학, 화학, 생물학 같은 자연 과학의 모형들에 코가 꿰여 있기 때문에 역사적 발판은 여전히 매우 취약하다고 지적하였다. 지난 수십 년간 경제학자들은, 전공 분야의 거의 대부분을 수리화(數理化)하고 수리 경제 이론과 같이 주관에 의해 오염되지 않은 방법론에 극도의 우위를 부여함으로써 '연성'(軟性) 과학자의 이미지를 벗어나려고 애써 왔다. 역사는 이런 경제학자들에게 그들의 뿌리가 정치학이나 철학과 같은 인문학적 측면에 있음을 일깨우고 있다. 옛 이웃을 방문하는 것은 때로는 불편한 일일 수 있다.

이러한 논리는 경제학자들의 태도를 설명할 수는 있으나, 정당화할 수는 없다. 만일 과거가 알 만한 가치가 있다면 역사는 중요하고 경제사학자들이 무언가 기여할 여지는 매우 많다. 그러나 생래적(生來的)으로 과거에 아무런 흥미를 느끼지 못하는 경제학자라 할지라도 경제사를 공부할 이유는 얼마든지 있다. 웨슬리 미첼이 50년 전에 주장하였듯이, 과거의 경제적 과정을 이해하면 오늘날의 경제 문제를 분석하기가 훨씬 쉬워진다. 1920년대와 1930년대에 경기 순환에 관한 데이터를 수집하였던 계량사학자들도 바로 이런 현실적인 고려에서 출발하였던 것이다. 기술 변화의 결정 요인, 교육에 대한 공적 투자의 수익, 운송에 대한 정부 규제의 영향, 경제 성장에 있어서 국제 무역 및 국제 수지의 역할, 이민 자유화 정책의 비용과 편익, 지역의 경제적 특화가 초래하는 영향, 전쟁이 국민 경제에 미치는 영향 등도 오늘날의 문제와 밀접한 연관성을 갖는 주제라고 할 수 있다.

경제학자들은 객관적인 과학자가 되고자 하는 그들의 의도에도 불구하고, 아직은 어느 정도, 검증되지 않은 전통적인 견해에 갇혀 있다. 과거에 대한 신화는 현재에 대한 가정이 된다. 현실적으로 볼 때, 그러한 전통은 피할 수 없다. 그러나 좋은 역사는 그러한 전통에 비판적인 초석을 제공한다.

참고 문헌

*Andreano, Ralph, ed., *The New Economic History: Recent Papers on Methodology*, Wiley, 1970. A collection of essays from Explorations in Economic History. Good stuff, most notably from Lance Davis, Robert Basmann, and Alfred Conrad.

*Cole, Arthur, "Economic History in the United States: Formative Years of the Discipline," *Journal of Economic History*, 28, Dec. 1968. Summary of traditional approaches, with a good bibliography.

*Fishlow, Albert and Robert Fogel, "Quantitative Economic History: An Interim Evaluation," *Journal of Economic History*, 31, March 1971. Sophistiacted overview of the accomplishments of NEH, with suggestions of where the field ought to be heading.

*Fogel, Robert, "The New Economic History: Its Findings and Methods," *Economic History Review*, 19, 2d Series, Dec. 1966. Summary (and defense) of the methods of NEH, with a now dated tabulation of NEH research.

*______, "The Specification Problem in Economic History," *Journal of Economic History*, 27, Sept. 1967. The first half of the article, written nontechnically, explains the virtues of explicit va. implicit theorizing.

*Hughes, John, "Fact and Theory in Economic History," *Explorations in Entrepreneural History*, 3, 2d Series, Winter 1966. Readable essay by economist who wishes to make peace with traditional economic historians.

**McClelland, Peter, *Causal Exploration and Model Building in History, Economics and the New Economic History*, Cornell University, 1975. A rigorous examination of the logical foundations of historical methods. Tough, but worth it.

**McCloskey, Deirdre, "Does the Past Have Useful Economics?" *Journal of Economic Literature*, 14, June 1976. An economist's cogent defense of the relevance of NEH to contemporary economics.

**______, "The Achievements of the Cliometric School," *Journal of Economic History*, 38, March 1978. Up-to-date overview on the accomplishments of the New Economic History.

**Meyer, John and Alfred Conrad, "Economic Theory, Statistical Inference, and Economic History," *Journal of Economic History*, Dec. 1957. Why economic methodology should be applied to history, by two pioneer NEH'ers.

*North, Douglass, "Economic History," in *International Encyclopedia of the Social Sciences*, Crowell Collier and Macmillan, 1968. The basics, from the point of view of a New Economic Historian.

*Parker, William, "From New to Old in Economic History," *Journal of*

Economic History, 31, March 1971. A witty defense of the importance of economic history by the self-styled "oldest new economic historian."

*Redlich, Fritz, "New and Traditional Approaches to Economic History and Their Interdependence," *Journal of Economic History*, 25, Dec. 1965. The most thoughtful attack on counterfactuals in history, combined with a defense of the institutional approach.

*_______, "Potentialities and Pitfalls in Economic History," *Explorations in Entrepreneurial History*, 5, 2d Series, Fall 1968. Here Redlich softens his views on New Economic History.

*Soltow, James, "American Institutional Studies: Present Knowledge and Past Trends," *Journal of Economic History*, 31, March 1971. Survey of important institutional history studies.

*Taylor, George and Lucius Ellsworth, eds., *Approaches to Economic History*, University of Virginia, 1971. Brief, useful summary essays on traditional approaches, See particularly essays by Hugh Aitken, George Rogers Taylor, Robert Gallman and Lance Davis.

**Temin, Peter, "General Equilibrium Models in Economic History," *Journal of Economic History*, 31, March 1971. A practitioner's consideration of the use of complex models in historical research. Will mean more to advanced students.

‡**Wright, Gavin, "Econometric Studies of History," *in Frontiers of*

Quantitative Economic, ed. by Michael Intriligator, London: North Holland, 1971. An analysis of the quantitative studies in economic history, current to 1970, First-rate, but of limited usefulness since the survey is now dated.

주 1) 여기에 붙인 참고 문헌은 역사적 서지와 방법론에 관한 것이다. 즉, 역사 해석이 어떻게 진행되어 왔고 어떻게 진행되어야 하는지에 관한 것이다. 특정 이슈에 관한 참고 문헌은 본서의 내용과 참고 문헌을 참조할 것.

2) 참고 문헌은 독자들의 수준에 따라 필자들이 임의로 다음과 같은 등급을 정한 것이다.

(*) 경제학의 기초 개념을 이해하고 있으나 공식적으로 경제학을 배우지 않은 독자
(**) 대학의 기초 경제학 강의를 들었으나 중급 이상의 경제학을 배우지 않은 독자
(***) 학부 수준의 경제학을 배웠으나 대학원 수준의 경제학을 배우지 않은 독자
(⁺₊) 계량경제학에 대한 지식이 있는 독자

경제사의 유용성 회복을 위하여

초판1쇄 인쇄 2016년 2월 19일
초판1쇄 발행 2016년 2월 25일

편역자 노택선
발행인 노현철
발행처 도서출판 해남

출판등록 1995. 5. 10 제 1-1885호
주　　소 서울특별시 서대문구 충정로 38-12(충정로 3가) 우리타워 6F
전　　화 739-4822　　팩스 720-4823
이 메 일 haenamin30@naver.com
홈페이지 www.hpub.co.kr

I S B N 978-89-6238-093-4　　93320